JN065183

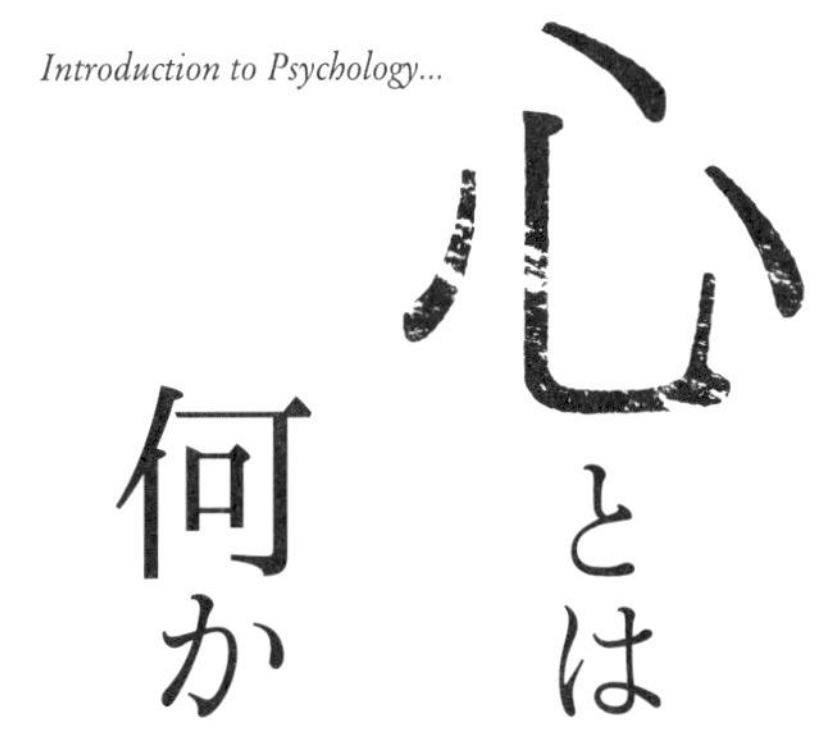

心とは何か

Introduction to Psychology...

川口潤【編】
Kawaguchi Jun

小野田慶一・白砂大・増井啓太
Onoda Keiichi, Shirasuna Masaru, Masui Keita

櫻井鼓・宮川裕基・益田啓裕
Sakurai Tsutsumi, Miyagawa Yuki, Masuda Keisuke

OIDAI
ライブラリー

追手門学院大学出版会

まえがき

「アップロード：デジタルなあの世へようこそ（原題：Upload; 2020, Amazon）」という連続ドラマがある。亡くなった人の「心」をコンピュータサーバー上、いわゆるクラウドにアップロードするというＳＦである。アップロードされた死後の世界（あの世）では、生前の世界、あるいはそれ以上の快適な環境が用意されており、例えば、あの世の人のたちは食事、ベッド等が揃った高級リゾートで、美しい森の風景を眺め、また執事が望むことも全てやってくれる。それらは全てヴァーチャルなのでなんでも望み通りのものが用意される。ただし、望むものが用意されるかどうかは支払われる金額（現在でいうサブスクリプション費用とかオプション費用）がどれくらいかに依存するので、いわば「あの世の沙汰も金次第」である。ドラマの設定は「あの世」と「この世」の間であたかもＺｏｏｍでのようにコミュニケーションできるので、そこにさまざまな人間関係が反映されるというコメディである。

このようなことが未来に可能になるかどうかはわからないが、このドラマでは「心」は一種のコンピュータプログラムとして記述され、アップロードされ、（あの世で）復元される、ということを前提としている。果たして「心」とはそのように記述できるのだろうか？　あるいは「心」とは一体なんなのだろうか？

心理学という学問は、現在ではさまざまな領域に分かれているが、もともとは「心」とは何か、またそれにまつわる現象をどのように理解すればいいのか、といった点を念頭に置きながら進んできたと言えよう。学問分野としては19世紀後半に「心理学」として誕生したとされているが、その後の進歩によって今ではさまざまな領域に分かれて研究が進められている。一般的な心理学のテキストでは、感覚・知覚心理学、認知心理学、学習心理学、言語心理学、感情心理学、人格心理学、神経心理学、生理心理学、社会心理学、集団心理学、産業・組織心理学、家族心理学、発達心理学、障害者・障害児心理学、臨床心理学、健康心理学、教育心理学、学校心理学、医療心理学、福祉心理学、司法・犯罪心理学などが並ぶ。さらに最近では、国家資格である公認心理師関連分野として、心理的アセスメント、心理学的支援法、人体の構造と機能及び疾病、精神疾患とその治療、関係行政論といった分野名が続く。

このように、現在では、心理学は「心」とは何かといった基礎的問題を扱う分野から、心にまつわる現象、すなわちさまざまな心理的問題への対処など、極めて幅広いトピックを扱う分野となっている。

追手門学院大学心理学部では心理学専攻、人工知能・認知科学専攻に所属する多様な分野の教員によってこれらのさまざまな領域の教育・研究の実施ができるような体制をとっているが、本書では、中堅、若手教員を中心にそれぞれの研究分野について紹介してもらった。上記に述べたように心理学が扱う領域は幅広いが、それぞれ個別の不断の研究によって積み上げられてきた歴史がある。今回は、心理学の分野を網羅的に紹介するというより、研究の「現場」で心理学研究者が何を考え、何を行っているかを知ってもらうということを主眼とし、各著者には自由に自分の研究について書いてもらうことをお願いした。結果的に、個々人の興味をもとにした最新の研究トピックが取り上げられており、本書を読むことで、心理学研究の「現在」を知る一助にして貰えれば幸いである。

目次——心とは何か

第1章

意識はどこから?

小野田 慶一

はじめに

子供の頃、盲腸の手術で全身麻酔を受けた。意識は消える直前まではっきりしていたのに、気がつくと術後であった。どのぐらい時間が経ったのかもわからず、目覚めた場所も麻酔を打たれた手術室から病室に移動しており、大きな違和感を覚えた。麻酔により意識を失う前の自分と今の自分の連続性が揺らぐ感じがして不思議な感じであった。普通の睡眠から目を覚ましたときとはまったくことなる経験であった。長じてから思い起こせば、これが私にとって、意識に関心をもつきっかけの一つであった。

意識とは？

意識とは何であろうか？　暫定的によく用いられる意識の定義は、「典型的には夢のない眠りから覚めたときに始まり、再び眠りにつくまで日中続く、感覚や気づきの状態」である。一言でいえば、起きているときの心の中にある内容を意識と呼んでいると解釈できる。意識の内容とは、自分が意識しているもの、つまり自分の内面を構成している思考、信念、風景、音、匂い、情動などである。ここで重要なのは、この意識の内容は主観的にしか感じ得ないことである。なにかに対して個人が主観的に感じる質、ありさまをクオリアという。クオリアは質を意味するラテン語の qualitas に由来する。

言語報告や行動によって意識の内容は推定できるが、それが正しい保証はなく、さらに同じクオリアを共有はできない。たとえば、赤いリンゴをみてその色を赤と答えるとき、赤というカテゴリーは共有できるが、その人が感じる赤と他の人がみている赤が同じクオリアかどうかは調べようがない。極端にいえば、自分にとっては赤のクオリアでも、他の人には自分のとっての青のクオリアで感じられているかもしれない。このように仮に異なっていたとしても、他の人にとってはその青のクオリアが赤として分類され、言語カテゴリー上は赤で情報共有がなされるため、意思疎通に困ることはない。このように意識とは個人的なもので科学の対象として扱いづらく、定義にも困る現象である。

ここでは意識を「あらゆる種類の主観的経験」として定義しておく。これは単純すぎるかもしれないが、意識自体の理解が不十分なまま厳密な定義をしてしまうと誤解を生みやすくなる恐れがある。たとえば、意識を経験そのものでなく、意識を可能にする能力として定義することもある。あるいは、意識は外界の知覚と自分の行動に関する仮想的な計算装置で、無意識な過程で処理された情報を単純化したものであると考える立場もある。こうした意識の特定の性質に注目した議論は、その定義に引きずられて意識に対する理解を限定したものにしてしまうかもしれない。

意識の存在

そもそも意識は存在するのであろうか？　存在しないものは研究の対象として扱うことができない。全てについて疑うべしという方法的懐疑をもちいたデカルトが「我思う故に我あり」と書いたように、自己の存在を疑っている意識があることだけは否定できないので、自分にとって意識が存在することは自明である。私にとって意識が存在することが明らかなのは私だけである。他の人に意識が存在するかは自分にとって自明ではない。

哲学的ゾンビという思考実験がある。このゾンビはすべての観察可能な生物学的な構造、状態や行動は人間と区別することができないが、主観的意識やクオリアを持たない想像上の存在である。この哲学的ゾンビのみが存在する世界には欠けていて、「私」の世界には存在するのが意識やクオリアであり、これは現在知られている物理法則では説明がつかない。そのため、このロジックを唯物論が否定される論拠と考える人もいる。他の人が哲学的ゾンビなのか、その人なりの現象的意識をもつ私と同じような存在であるかは明らかではないが、心理学や神経科学では個々人に固有の意識があることを前提としている。

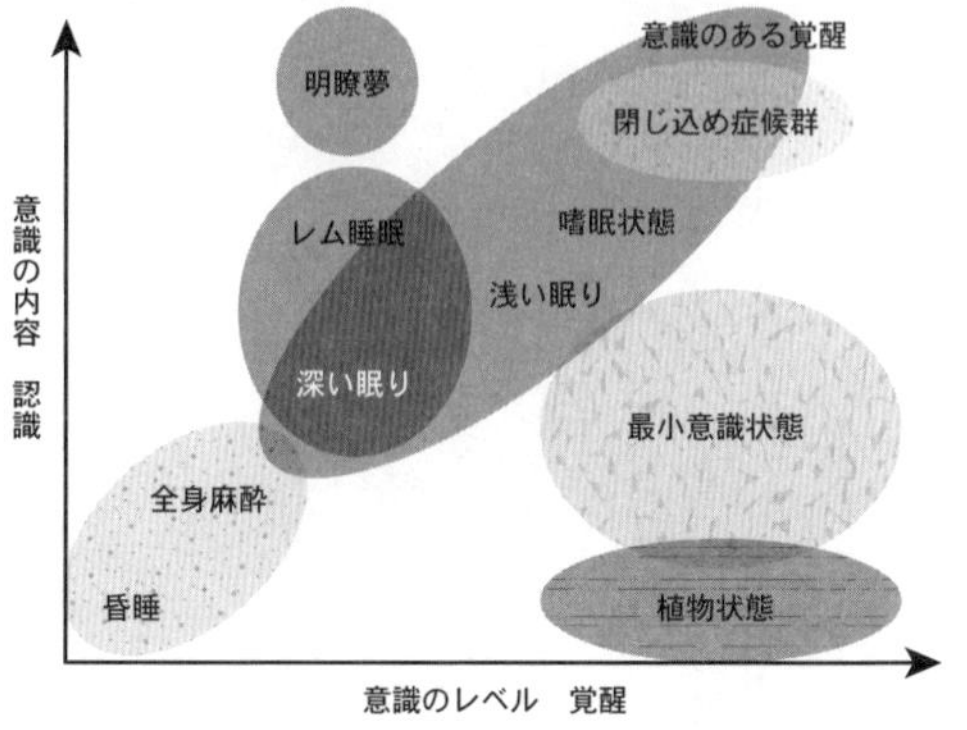

図１　意識の次元
From https://ja.wikipedia.org/wiki/意識に相関した脳活動

意識の次元

意識にはレベルと内容の2つの次元があることは広く認められている。意識レベルとは覚醒度に対応する。意識の内容とはこれまで議論してきた主観的な感じやクオリアのことである。基本的には睡眠や昏睡のように、意識レベルが低下すると意識内容も失われるため、意識のレベルと内容は連動している。しかし、この2つの次元が乖離することがさまざまな例から知られている。身近な例では、睡眠中の夢見現象がある。睡眠中には、レム睡眠という急速眼球運動を示す時間帯が存在する。このレム睡眠のときに起こして、なにかを見たり考えたりしていたかを訊ねると、高い頻度で夢を見ていたとの回答が得られる。夢は一般に視覚像や思考を伴うため、主観的な意識現象といえる。これは意識レベルが低いにも拘らず、意識内容が確認できる状態である。逆に、覚醒中であっても意識内容が存在しない状態が存在する。植物状態では、呼吸や心拍などの生命維持に必要な脳領域は機能しているが、大脳が機能していない。目を開けて起きているようにみえるが、外界の変化に対して意味のある反応を示さないため、意識に内容は伴っていないと考えられる。このように意識レベルと意識内容は独立している。

意識の分類

意識における重要な分類に、現象的意識とアクセス意識の区別がある（Block, 2005）。現象的意識とはクオリアそのものであり、他の人には感じえない主観的な質のことである。一方で、アクセス意識とは、その内容が思考や報告に利用できる状態の意識である。たとえば「セミの鳴き声が聞こえた」と言葉でいう場合、セミの鳴き声というクオリアにアクセスしたことになる。逆に、クオリアを伴うが、アクセス意識を伴わない状態も存在する。たとえば、何かをぼーっと見ている時、その背景にも多くのものが見えている。このような時、背景のものに対してもクオリアは創発されているが、それはその瞬間に思考や報告に利用できる状態になっていないため、アクセス意識にはなっていない。

また、クオリアに関しては、視覚クオリアに基づく研究や考察が多いが、すべての感覚にクオリアが存在する。外界の情報を受け入れるための感覚だけでなく、自分の体内から送られてくる感覚に対してもクオリアは存在する。こうした自分の内的な情報は感情クオリアと呼ばれることもある。

意識の性質

意識は情報として捉えることができる。ある経験がどのようなものであるかによって、他の経験と区別される（Tononi, 2008）。他の経験と違うという意味において、ある経験は特異的で固有である。たとえば、赤と他の色が主観的にまったく違う感じであることである。また、赤を経験する際には、他の経験は排除される。さらに、意識はひとまとまりであり、経験の構成要素は共存している。たとえば、視覚的な意識状態を構成する特定の色や形は、一緒に経験される。赤いリンゴをみたとき、その色と形を別々に経験し、それを意識の中で足し合わせるということはなく、また不可分に感じられる。この統合は意識が個別の要素に還元されないことを意味している。

意識の機能

意識にはどのような機能があるのだろうか？　言い換えれば、意識があることによってできることがあるかという疑問である。意識は何かしらの役割を果たしており、進化の過程で洗練されてきた可能性が高い。

その役割の一つは、無意識下で行われる膨大な情報処理の中から、最もありえそうなものを抽出する機能である。ルビンの壺という有名な画像があるが、これは壺に見えたり、人の顔が向かいあってるように見えたりする。２つの見え方の視覚的情報の処理は無意識下で行われているが、その両方が同時に見えることはなく、どちらか一方のみが意識にのぼる。このように、多数の解釈が可能な世界に唯一の主観的な感じを与えるのが意識の特徴である。

次に、ワーキングメモリにおける操作がある。ワーキングメモリとは、情報を意識上に一時的に保ちながら、その保持された内容を操作するための構造や過程を指す概念である。例えば、ある実験で、ランダムな数字一桁を短い時間だけ提示し、意識にのぼらないように操作した（ドゥアンヌ、２０１５）。その無意識下で処理された数字に対して、2を足した数字を答えさせたり、5より大きいかどうかを答えさせるとチャンスレベルよりも有意に高い正答率になった。一方で、提示された数字に対して、2を足した値が5より大きいかどうかを答えさせると正答率はチャンスレベルにしかならなかった。この結果は、ワーキングメモリ上において複雑な操作を行うために意識が必要となることを示している。

さらに、意識は無意識下から昇ってきた処理をまとめて、エピソード記憶として蓄える機能があるとの主張もある（前野、２００４）。多くの動物にとって経験したことをエピソード記憶として保持することは生存に必須の機能であり、出来事の順序関係、場所、対象（自己や他者、無機物）の関係の統合に意識が必要である。こうした視点に立てば、エピソード記憶をもつ動物には意識があることになる。

ハードプロブレム

意識的な経験は物質である脳からどのように起こるのだろうか？　この問題は意識の「ハードプロブレム」として知られている。１９９０年代にチャーマーズという哲学者によって定式化された。我々の神経系が視覚や聴覚の情報処理を行うことで、深い緑の質感や和音の感覚といった視覚的・聴覚的経験が得られるのはなぜだろうか。ある情動を感じていることはどのように説明できるだろうか。こうした意識的な経験が脳から生まれることは間違いないように思われるが、なぜ、どのようにその経験が生まれるのかはいくら物理世界の法則を探究しても結局は説明できない。これがチャーマーズの主張である。

実際に「意識は魅力的だが捉えどころのない現象であって、それが何であるか、何をするのか、なぜ進化したのかを特定することは不可能である」として研究対象として扱われてこなかった。しかし、近年では実験的アプローチが様々に提案され、ようやく科学研究の対象として扱われるようになってきた。ハードプロブレムは解決できるとは限らないが、その溝を埋めようとする努力は続けられている。

意識の神経相関

意識のハードプロブレムの解決に向けて少しでも前進するため、実験的に扱うことのできる問題に落とし込むことが必要であった。そのために意識の神経相関（Neural Correlates of Consciousness：以降ではＮＣＣと記述する）をまずは調べるアプローチが提案されている。意識の神経相関は、「ある特定の意識的知覚を共同して引き起こすのに十分な、最小の神経メカニズム」として定義されている（コッホ、２００６）。

この定義からして、ＮＣＣは内容特異的であるものを想定されて考えられている。たとえば、赤を経験するためのＮＣＣは、外の世界にある赤を観察したり、あるいは想像したり、夢で見たりすると活動し、

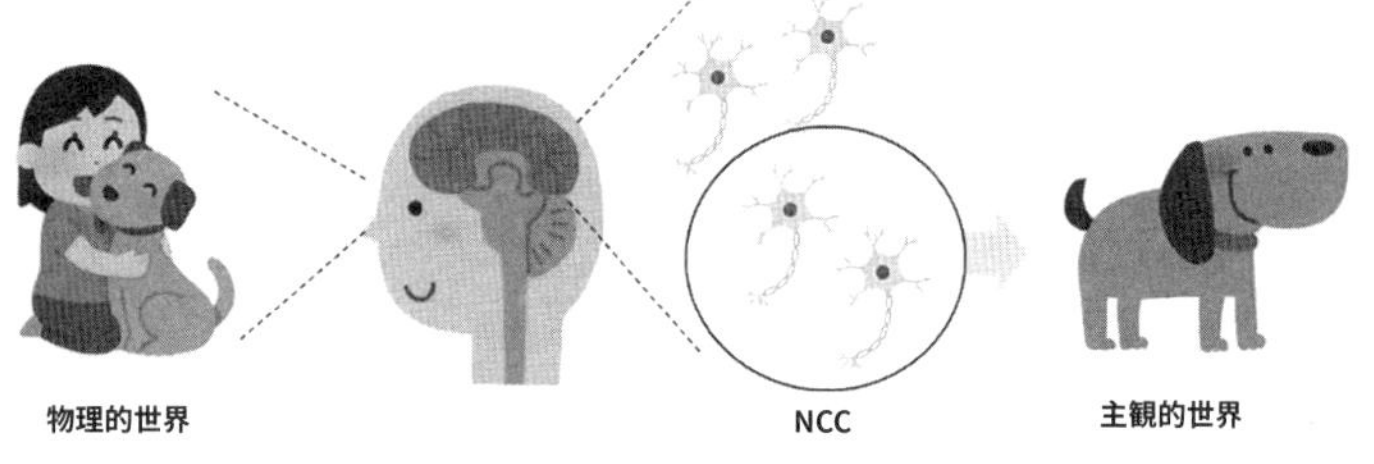

図２　意識の神経相関

それ以外では活動しないニューロン群のことである。あるニューロン群がＮＣＣであることを明らかにするためにはいくつかの要件がある。まず、ＮＣＣが破壊されるか、不活性化されるとその現象が意識されないことである。次に、適切な電気刺激や磁気刺激を与えることで、ＮＣＣを活動させると意識感覚が生じることである。また、ＮＣＣの活動は対応する意識現象と時を同じくして生起していなければならないことも挙げられる。さらに、他の内容特異的ＮＣＣ（たとえば、赤を知覚しているときの黄色や青といった経験に対応するＮＣＣ）が活動していないことも重要である。

一方で、すべての内容特異的なＮＣＣが集まったものを包括的なＮＣＣと呼ぶことがある。これは意識的な経験を全体として支える神経基盤であり、あらゆる経験を可能にするメカニズムである。このメカニズムを理解するためには、単純に内容特異的なＮＣＣの集合としてそれを捉えるだけではなく、それらの内容特異的なＮＣＣ同士がどのような関係にあるのかを明らかにする必要がある。

もちろん、ある特定の意識現象に対応するＮＣＣが見つかったからといって、すべてが解決されるわけではない。そのＮＣＣからなぜ、どのようにその特定の意識現象が創発されるのかという点は疑問として残る。まずはできることから始めようというのがこのＮＣＣに基づくアプローチである。

情報のパターン

一つの主観的現象に関するＮＣＣを明らかにしただけでは、意識創発のメカニズムに迫れた印象はうすい。近年では、情報理論という観点からクオリアとそのＮＣＣの理解を試みるアプローチが提案されている（Oizumi et al, 2014; Tononi, 2016）。単純にいえば、クオリアや神経活動を情報とみなして、その性質を捉えようとしていることになる。このようなアプローチを用いることによって、ある主観的現象を数学的に記述できるかもしれない。

さらに近年では、複数のクオリア同士の関係とそれらに対応するＮＣＣ同士の関係を数学的に記述しようとする試みもある。このアプローチは圏論という、数学的構造とその関係を抽象的に扱う理論に基づいており、あるクオリアを他のクオリアとの関係性によって記述する。意識現象のカテゴリーとしての構造と、脳活動によって推定された情報カテゴリーとしての構造の類似性を評価することが試みられている。たとえば、多くの色の類似度を主観的に判定してもらい、そのデータからクオリアの関係性（お互いの距離、類似度）を算出する。さらにそのときの脳活動のパターンも同じようにお互いの関係性を算出する。この

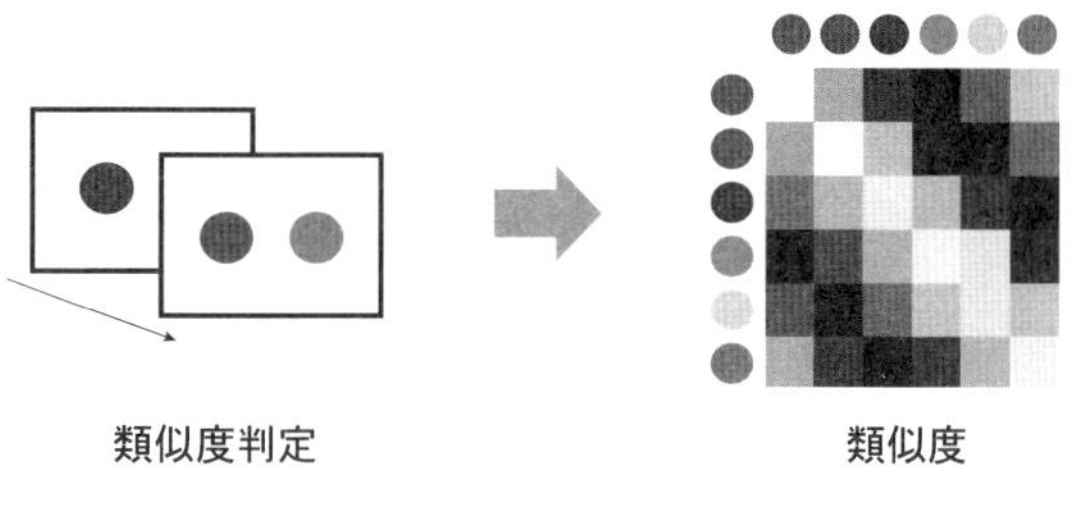

図3　クオリア構造

クオリアの構造と脳活動の構造の関連を評価することで、クオリアとNCCの関係を数学的に表現しようとするアプローチである。これらのアプローチによって、クオリアが数学的に表現できるようになれば、より詳しい法則が明らかになり、ハードプロブレムに対する解決の糸口となるかもしれない。

意識を支えるメカニズムは脳の中で局在しているか？

脳を損傷したときに、意識に障害がでる場合とでない場合がある。この事実は意識を創発するために重要となる領域は脳の中で偏って存在していることを示す。たとえば、小脳は運動において重要な機能を担うが、小脳を全摘出しても運動が下手にはなるが、意識を失うことはない。一方で、大脳皮質を広範に障害されると意識を失うことがある。しかし、大脳皮質の中でも意識にとって重要な領域と重要でない領域がありそうである。たとえば、大脳皮質の最も後方に位置するのは視覚野であるが、ここを損傷すると視野の一部や全体が欠ける。これは視覚的なクオリアがないことを意味する。しかし、視覚的クオリアがないからといって、意識がないことにならない。これは盲目の人に意識がないとは誰も思わないことと一緒である。こうしたことを考慮すると、個別のクオリアに対応する内容特異的なＮＣＣと意識を全体として支えるＮＣＣは区別して考える必要があるかもしれない。意識全体のメカニズムを考える際に重要になるのが脳の複雑さである。

複雑系

脳は複雑系である。複雑系とは、全体の振る舞いが個々の要素に還元することができず、要素の総和を超えた性質を示すシステムである。脳の情報処理の単位はニューロンであり、これが脳を複雑系として捉えた場合の要素となる。ニューロンの動作原理の概要はすでに明らかになっており、イオンの移動による電気的活動が脳の情報処理の要である。個々のニューロンは他の細胞から信号（神経伝達物質）を受け取り、ある閾値を超えれば自身が電気活動を示し、次のニューロンへ信号を送っているだけである。このように単純なニューロンが集まった生物学的機械である脳がなぜ意識を創発するのか、この問題がハードプロブレムであった。

「コウモリであるとはどういうことか」という有名な議論がある。この議論ではヒトはコウモリのような経験をすることはできないが、それでもコウモリにとってコウモリであると感じられるような主観的経験あるいはクオリアがあるはずと主張している。ヒトとコウモリの主観的経験の違いは、エコロケーションのようなコウモリ独自の感覚に由来するものもあれば、脳の全体的な複雑さの違いに由来するものもあるであろう。

脳の複雑さを測定することは簡単ではないが、多くの複雑さの指標が、規則性とランダム性のバランスを重視している。ここでの規則性とランダム性とは、脳を点と線で描かれたネットワークとみなしたときに、つながり方が規則的なのか、ランダムなのかで評価することが可能である。意識を生むような適切な神経ネットワークはこの規則性とランダム性のバランスが高度に維持されている。具体的な例をみてみよう。たとえば、すべての点、すなわちニューロンがお互いに直接つながったネットワークを考える。一つのニューロンが活動すると、すべてのニューロンが影響を受けることになる。精神疾患にてんかんという病気があるが、てんかんではニューロンが大規模に同期現象を示し、この発作が起こると意識が失われてしまうことがある。ネットワーク全体が同期した活動を示すと意識という創発現象は消えてしまう。一方で、すべてのニューロンがお互いにつながっておらず、自発活動のみを示すネットワークを考える。自発活動のみなので、ニューロン間の活動の相関の程度はランダムになる。このような状態では、ニューロンに基づく様々な処理が適切に行われないことは明らかである。これら2つは両極端な例ではあるが、規則性とランダム性のバランスが脳にとって重要であることが理解できる。

意識には、主観的経験が一つの状態にまとまっていること、その状態が取りうる莫大なレパートリーの中から一つの状態にあること、その状態は常に変化していることといった性質がある。このような性質を実現するためには、ニューロンの集まりが素早く柔軟に情報をまとめて、レパートリー内の特定の活動パターンを維持する必要がある（Tononi & Edelman, 1998）。脳の複雑さがこの膨大なレパートリーを生み出すことで、意識の創発につながっているのかもしれない。

たとえば、フォトセンサーも人間も精度はひとまず考慮しないにしても、一定の明るさがあるかどうかを判定することはできる。情報の量としては、明るいか暗いかの2択なので1ビットである。しかし、人間の場合、その明るさが日光によるものなのか、部屋のライトによるものなのか、部屋に窓はあるのか、外の風景には何が映っているのかなど、感覚器から入っている視覚や聴覚の情報は膨大な量になる。また、自分の中にある感情や思考の情報もある。これらの無限にも思える潜在的な可能性(情報のレパートリー)が排斥された上での明るさであり、排斥されるレパートリーを考慮した場合の情報量は相当に大きくなる。これが同じ明るさという反応を返すシステムであっても、フォトセンサーに意識がなく、人間に意識がある理由であるかもしれない。

この膨大な情報量は脳の複雑さから生まれる。脳の複雑さの要因の一つは、解剖学的な繋がりのパターンが複雑であるためである。視覚クオリアで考えてみよう。網膜に入った情報のほとんどは一次視覚野に到達する。その後、視覚情報は空間的な処理をおこなう頭頂葉に向かうルートと、記憶・形態的な処理をおこなう側頭葉に向かうルートに分かれる。さらにそれらの情報は高次な認知処理をおこなう前頭葉と頭頂葉に送られ、まとめられる。この前頭葉と頭頂葉のネットワークは解剖学的に多くの感覚情報を統合して、行動につなげるためのボトルネックになっていて、脳のネットワークのハブとして機能しており、解剖学的な複雑さが特に高くなっている。ここでの解剖学的な複雑さというのは、このネットワークの個々の領域がさまざまに独特のパターンで多くの領域とつながっていることに由来する。

しかし、脳の複雑性は解剖学的なつながりのパターンだけに依存していない。解剖学的なつながりは短い時間で変化したりはしない。それにも拘らず、人間の意識は睡眠やまどろみ、てんかんなどの発作、麻酔によって消失したり、変容したりする。この事実は意識が解剖学的な複雑さだけではなく、機能的なつながりの複雑さが重要であることを意味している。しかし、機能的なつながりのパターンを生み出す神経活動から、どのように意識が生まれるのかは明らかではない。

ここまでの脳の複雑さの話をまとめておく。1つ目は、解剖学的に様々な領域とつながっている領域は脳の複雑さの重要な要素となっていて、意識の発生に貢献している。小脳ではなく大脳皮質が意識現象により関連しているのはこれが理由である。2つ目は、解剖学的なつながりが同じである場合、意識は神経活動パターンの複雑さに影響を受けている。睡眠中や全身麻酔中、あるいは全身痙攣といった状態において複雑さは低下して意識が消失する。さらに言えば、感覚入力と運動出力がない場合でも、脳において高い複雑さが保たれていれば、意識は存在する。レム睡眠中における夢見現象や、閉じ込め症候群では意識があることが実験的にも確認されている。

さいごに

意識はこの数十年でようやく科学のまともな研究対象として認識されたといえるかもしれない。しかし、大きな進展があったとはいえ、ハードプロブレムは残されたままである。チャーマーズの言うように、原理的に解決不可能であるかもしれない。しかし、脳と心のギャップを少しでも埋めようとする試みは挑むに値するテーマであるように思う。

【引用文献】

Block N. (2005) Two neural correlates of consciousness. *Trends Cogn Sci. 9*(2), 46-52. doi: 10.1016/j.tics.2004.12.006.

Tononi G. (2008) Consciousness as integrated information: a provisional manifesto. *Biol Bull. 215*(3), 216-42. doi: 10.2307/25470707.

Tononi G, Edelman GM. (1998) Consciousness and complexity. *Science. 282*(5395), 1846-51. doi: 10.1126/science.282.5395.1846.

スタニスラス・ドゥアンヌ、高橋洋［訳］（２０１５）『意識と脳――思考はいかにコード化されるか』（紀伊國屋書店）

クリストフ・コッホ、土谷尚嗣・金井良太［訳］（２００６）『意識の探求――神経科学からのアプローチ』（岩波書店）

前野隆司（２００４）『脳はなぜ「心」を作ったのか――「私」の謎を解く受動意識仮説』（筑摩書房）

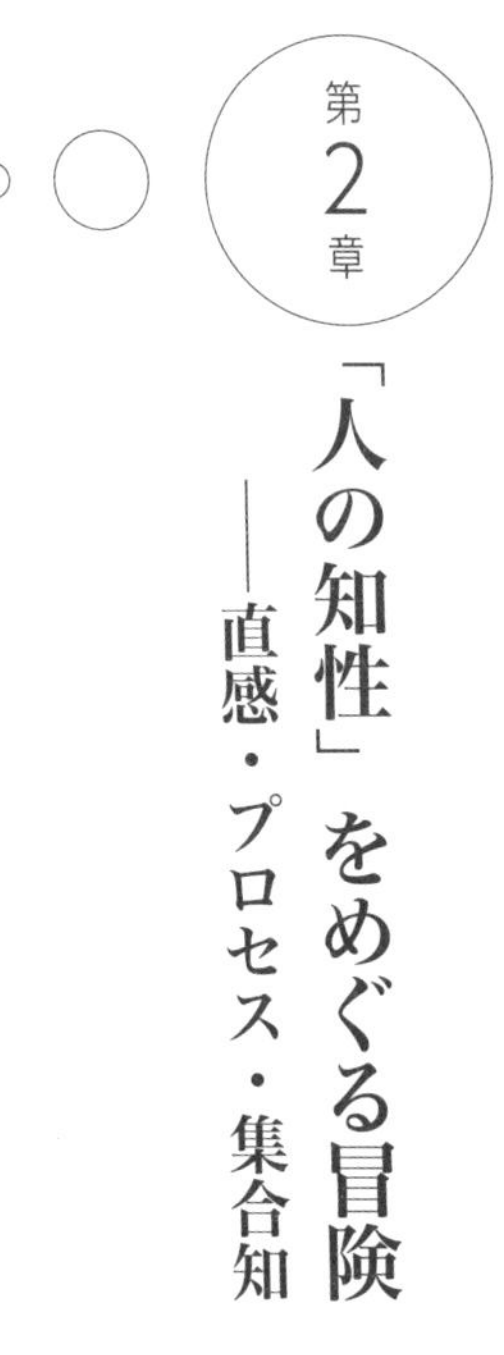

第2章 「人の知性」をめぐる冒険
——直感・プロセス・集合知

白砂 大

第1節 はじめに

人は、人工知能（artificial intelligence; AI）と比べて計算能力や記憶容量の面で劣っており、扱えるデータの量が圧倒的に少ない。当然ながら、実世界においてあらゆる情報を記憶したり処理したりすることは不可能である。しかし、だからといって人が誤った判断ばかりを行うかというと、決してそうではない。むしろ、そのような制約があるにもかかわらず、正しい判断を多く行っているのではないか。

筆者は、人が持つこのような「人の知性（human intelligence）」について、その特徴や認知機序などを、行動実験や計算機シミュレーションなどの認知科学的手法を駆使して探究している。ここでは、筆者らがこれまで行ってきた3つの研究プロジェクトを紹介する。

第2節 【研究1】正確な判断を導くヒューリスティック：環境構造との合致から

「真実とは井戸の底にあると限ったものではない。いや、むしろ大事なことについて言えば、真実は浅いところにあると思う」

——E・A・ポー『モルグ街の殺人』

例えば、風邪をひいてしまい、薬局へ風邪薬を買いに行ったとする。しかし様々な薬があり、どれを買うべきか迷ってしまう。成分を見てもよく分からない。症状が重くなってきて早く家に帰りたいので、ネットで調べたり店員に聞いたりする時間もない。そこで、「とりあえず聞いたことのある製薬会社の薬を買おう」と決めた——。

この例のように、日常生活で具体的な知識や情報がないときに、「見聞きしたことがある」とか「なじみがある」といったことを手がかりに判断することもあるのではないだろうか。そしてそのような単純な判断でも、多くの場合はうまくいく（少なくとも、大きくしくじることはあまりない）のではないだろうか。右記のような直感的な経験則は、「ヒューリスティック」と呼ばれる。例えば、次の問題を考えてみる。

> 人口の多い都市はどちらか。　水戸市／神栖市

多くの人は、両市の正確な人口を知らずに、「水戸市の方がなじみ深くて、なんとなく人口が多そうだ」

といった判断をしたかもしれない。しかし、それは正答である（水戸市は人口27万4５０人、神栖市は人口９万４７５３人。いずれも市公式ＨＰより。２０２２年11月25日閲覧）。このような単純なヒューリスティックがうまく働く背景に、実世界の環境構造がある。すなわち、人口の多い都市はメディアなどに頻繁に掲載され、人々が見聞きする機会も多くなる。よって、「人口の多さ」を考える際に「知っている」とか「なじみ深い」を手がかりとするのは、妥当性の高い手がかりといえる（e.g., Goldstein & Gigerenzer, 2002; Hertwig et al., 2022; Honda et al., 2017）。人は手がかりが乏しい状況でも、（おそらくは無意識的だが）こういった環境構造に合う形でヒューリスティックを用いており、そこに人の知性が垣間見える。

さらに、右記と異なる課題構造においても、人はヒューリスティックをうまく用いていることが示されている（Shirasuna et al., 2020; Shirasuna, 2021）。右記の人口推定課題と呼ばれる問題では、単に２つの選択肢を比較するという構造であった。筆者らは、二者択一だがそれとは異なる「関係比較課題」と呼ばれる課題（左記）を新たに考案して検証を行った。

> シカソという都市がある国はどちらか。　マリ／スイス

この課題では、「２つの選択肢を比べて、よりなじみ深い方を選ぶ」というヒューリスティックよりも、「問題文中の対象物（都市）に似たなじみ深さを持つ選択肢（国）を選ぶ」といった、なじみ深さをマッチさせるヒューリスティックがうまくいくだろうと予想された。具体的には、「シカソはなじみがない。マリはなじみがない。スイスはなじみがある」という場合にシカソとなじみ深さが似ている「マリ」を選

ぶ、といった具合である（実際に、正答はマリ）。このヒューリスティックを提唱した根拠としては、次のような環境構造が想定されたためである。ある都市がメディアなどに頻繁に掲載されれば、それが属している国も同様に頻繁に掲載されるため、人々にとってはその都市と国が同程度になじみ深くなる。よって、「なじみ深さのマッチング」というヒューリスティックが妥当性を持ちうる。

筆者らは、まず関係比較課題を用いて実験を行い、「なじみ深さのマッチング」が実際に多く使われていることを見出した。そして、実世界データの分析と計算機シミュレーションによって環境構造を確認（図1）した結果、「なじみ深さのマッチング」が正答を導くうえで妥当であることを示した。これらの結果は、人が右記のような関係性（環境構造）を経験的に理解し、判断の際にうまく利用していることを示唆する。言い換えれば、人は知識が不足している状況でも、問題から何らかの手がかりを見つけて、正答を多く導いているといえる。

ヒューリスティックは単純で直感的であるがゆえに、「バイアスをもたらすもの」というネガティブなイメージを持たれることも多い（e.g., Tversky & Kahneman, 1974）。しかし90年代以降、人が場面に応じて妥当性の高いヒューリスティックを用いていること、すなわち「正しい判断を導きうるもの」というポジティブな側面も注目されてきた（e.g., Gigerenzer et al., 1999）。筆者らによる、「なじみ深さのマッチング」という新たなヒューリスティックの発見は、そのようなポジティブな側面を改めて強調する知見だといえる。

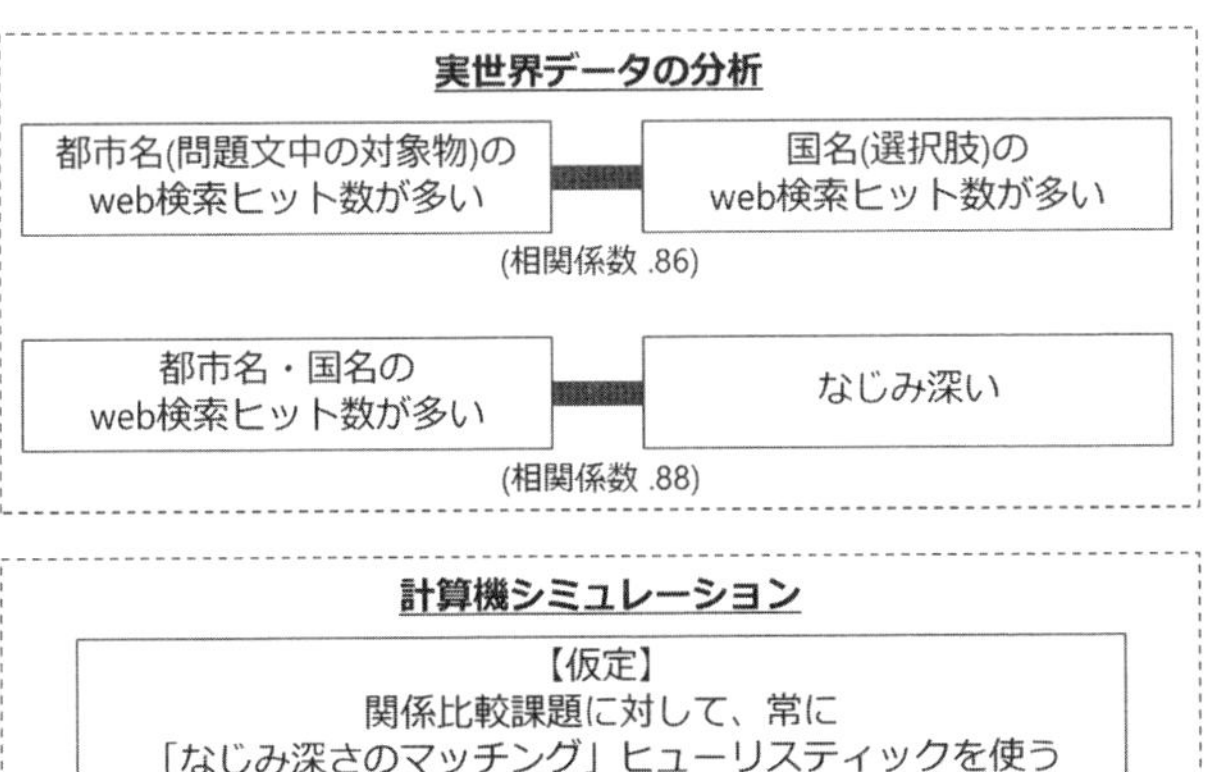

図 1 環境構造の分析

実世界データの分析（上）と計算機シミュレーション（下）を行った。
上：「Ｗｅｂ検索ヒット数」を実世界の出現頻度の指標とし、実験に使われた都市名と国名とのヒット件数の相関、およびなじみ深さとヒット件数との相関が、いずれも高いことを確認した。
下:「関係比較課題で常に『なじみ深さのマッチング』を用いた」と仮定した際の正答率を算出したところ、山勘で答えた場合の正答率である .50 よりも高かった。

第3節 【研究2】短時間での判断における認知プロセス：マウスカーソルの軌跡に基づく検証

「君の思考をたどれたという証拠のようなものさ」

——E・A・ポー『モルグ街の殺人』

人は、目の前にある（初見の）問題について短時間で直感的に考えるとき、正しい判断ができることもあれば、誤った判断を行うこともある。では、課題を見てから判断を下すまでの間に、どのような認知を経ているのだろうか。筆者らは、課題遂行中における実験参加者のマウスカーソルの軌跡に基づいて、その認知プロセスに迫ることを試みた。例えばネットショッピングで買い物をする際、買う商品が決まっている場合は、その商品へカーソルを素早くブレることなく動かすだろう。一方、何を買うか迷っている場合は、カーソルの動きは遅かったりブレが生じたりすると考えられる。このように、マウスの動きの速度やブレから、人の判断時の心的状態を推測することができる（e.g., Freeman & Ambady, 2010）。

筆者らは、単純な知覚課題を題材として実験を行った（白砂ら、２０２２）。具体的には、黒と白のタイルからなる格子画像を呈示し、黒のタイルが全体の50％より多いかどうかについて「はい」か「いいえ」をクリックするよう求めた（図2）。

マウスカーソルの軌跡に基づく分析では、次の2つの指標に着目した。1つ目は、「マウスの速度が最大になったタイミング」である。マウスの動きが速くなったタイミングというのは、参加者がその時点でどちらを選ぶかを（頭の中で）決めたのだと解釈できる（e.g., Leontyev & Yamauchi, 2021）。2つ目は、「軌

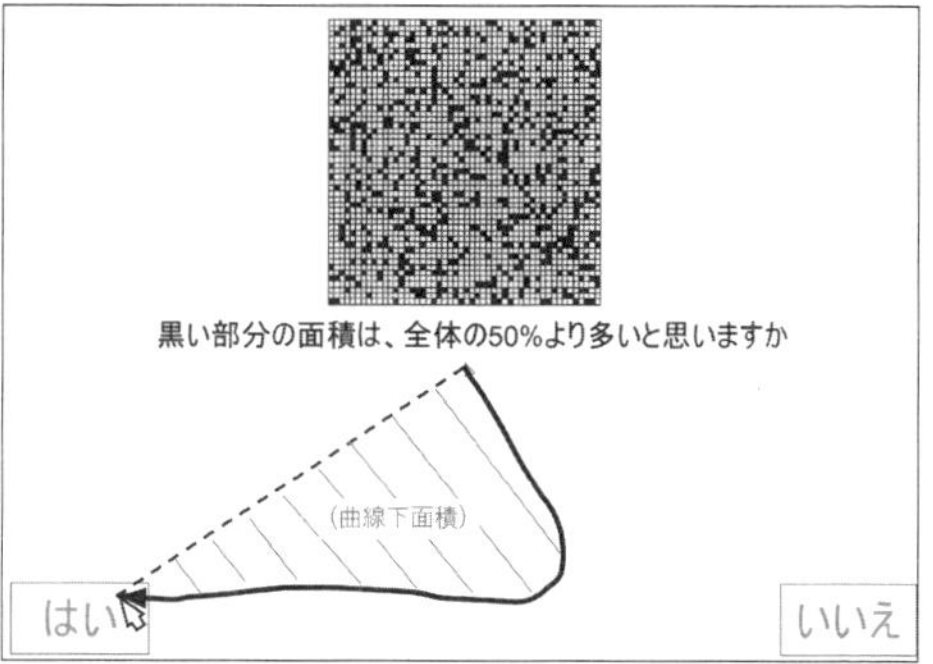

図2　実験刺激およびマウスカーソルの軌跡の概念図。なお、点線は回答までの最短距離（仮想）を、曲線矢印は軌跡の一例を、それぞれ示す。点線と曲線とで囲まれた斜線部(曲線下面積)が大きいほど、迷いが大きく生じていたと解釈される。

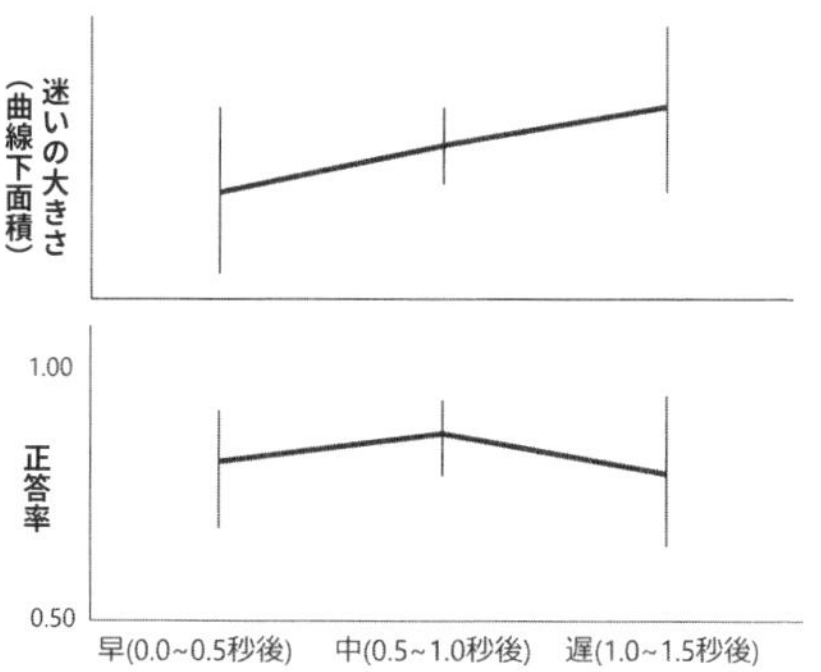

図3　実験の結果。「マウスの速度が最大になったタイミング」が早かった試行(0.0~0.5秒)、中程度の試行(0.5~1.0秒)、遅かった試行(1.0~1.5秒)に分けて分析を行った。上:迷いの大きさ(曲線下面積の平均値）は、マウスを走らせるのが早いほど小さかった。下：正答率は、中程度の試行で最も高かった。

跡のブレの大きさ」である（図２の点線と実線とで囲まれた面積、以下「曲線下面積」と呼ぶ）。この曲線下面積が大きいほど、参加者はどちらを選ぶか迷っていたものと解釈できる（e.g., Stillman et al., 2020）。

結果として、マウスの速度が最大になったタイミングが早いほど、迷い（曲線下面積）が小さい傾向が確認された（図３上）。一方、課題開始後すぐ（０〜０・５秒の間）に速度が最大となったときは、正答率が低い（正答率が高くなるのは、課題開始から０・５〜１秒の間に速度が最大となっていたとき）ことが確認された（図３下）。以上から、１秒程度の短時間で直感的に判断を行うとき、しばしば迷いを感じないまま頭の中で回答を決めて誤答してしまうという、いわば「早とちり」のような認知プロセスを見て取れたといえる。

認知プロセスの検証に際しては、生理指標（脳活動など）や眼球運動など様々な指標が存在する。これらと比べて、マウスカーソルの軌跡という指標は、ＰＣとマウス以外の装置が不要で簡易的・低コストで測定できる。このような利点から、同手法は様々な場面に応用できる可能性を秘めている。本節で紹介した筆者らの研究はまだ初歩的な段階であるが、今後は医療（病状）の診断やフェイクニュースの判断など、幅広く活用させていきたい（関連研究として、Kagawa et al., 2022; Lowry et al., 2022）。

第4節 【研究3】個人の確信度と集団の知：計算機シミュレーションに基づく理論的検証

「意見が分かれたことが特徴なのではない。それだけでは何の手がかりにもならない。まだ目のつけどころがあるんだ」

——E・A・ポー『モルグ街の殺人』

ここまでは一人で行う判断について検討してきた。本節では、複数人で行われる判断に着目する。実世界で、どうしても一人で判断することが困難なとき、人は他人に意見を求めることがある。例えば、会議で重要な事柄を決める際に「多数決をとる」といった経験は、多くの人が持っているかもしれない。

個人がそれぞれ個別に持っている多様な意見を多数決などによって集約することで、集団としての判断が正確になる現象は、「集合知」として知られている（e.g., Galton, 1907; Herzog et al, 2019; Surowiecki, 2004）。実際に人の意見を集めるにあたっては、直感的には「確信度の高い人の意見を集めればよさそうだ」と思われる。確かに、（半ば当たり前だが）一般的には、ある問題Aの確信度とその正誤との間には強い正の相関がある。ただし現実場面では、目の前にある課題（以下「既知問題」と呼ぶ）だけでなく、将来出くわす、現時点では未知の課題（以下「未知問題」と呼ぶ）にも対処しなければならないことが多い。このようなとき、既知問題の確信度に基づいて人を集めて、未知問題に対処していくこととなるだろう。しかしながら、ある問題Aの確信度は、将来の問題Bの正誤を予測するのだろうか。異なる問題間での確信度と正誤との相関が弱いと、たとえ既知問題には対処できても、未知問題にはうまく対処できないことがありうる（実際に、人は自身の能力を過大評価してしまうという「自信過剰」に陥ることもある。e.g., Fischhoff et al., 1977; Moore & Healy, 2008）。

筆者らは、既知問題における個々人の確信度と未知問題における集団のパフォーマンスとの関係について、実験と計算機シミュレーションを通して理論的に検証した（Shirasuna & Honda, 2022）。実験では、実験参加者は二者択一課題70問（先述の人口推定課題「人口の多い都市はどちらか。A市／B市」などを使用）に回答し、各設問においてその確信度（0から100の101段階）を評定した。ここで得られた行動データをもとに、筆者らは「15名からなる集団が、多数決で問題を解く」ことを仮定して、次のような計算機シミュレーションを行った。

① 既知問題を「1問」または「5問」、未知問題を25問、いずれもランダムに抽出した（未知問題には、既知問題に使われていない問題を使用した）

② 「既知問題の確信度の平均値上位15名を選ぶ（確信度高集団）」または「ランダムに15名を選ぶ（混成集団）」という2通りの方法で、仮想的な集団を生成した

③ 「各集団が、多数決で既知問題と未知問題に回答する」と仮定した。このときの正答率を、集団のパフォーマンスの指標とした

④ ①〜③を5000回繰り返した（すなわち、確信度高・混成とも5000集団ずつ生成された）

5000集団の正答率の平均値を図4に示す。全体としては確信度高集団の方が、既知・未知とも正

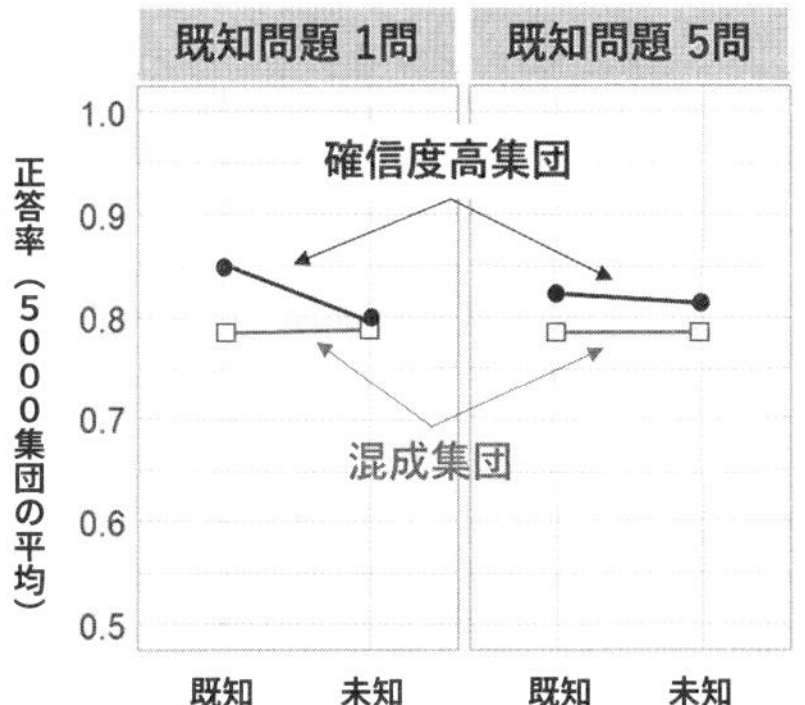

図4 計算機シミュレーションの結果。既知／未知問題それぞれについて、5000集団の正答率の平均値を示した。既知問題が１問のとき、確信度高集団において、既知問題から未知問題で正答率が落ち込む傾向が見られた。

答率は高かった。しかし既知問題が1問のとき、確信度高集団において未知問題の正答率が大きく悪化した。一方、混成集団においては、そのような悪化の傾向は見られなかった。

これらの結果から、次のことが示唆される。既知問題が少ない状況では、確信度の高い人を集めると未知問題のパフォーマンスが悪くなりうる。よって、個々人の確信度が信頼に足るものかを正確に知るためには、多くの問題を通じて検証した方がよいといえる。しかし現実では、人を集めるにあたって、ごく少数の手がかり（既知問題）しか利用できないこともあるかもしれない。その際にもなるべく将来のパフォーマンスを下げないようにするには、眼前の課題の確信度によらずランダムに人を集めることが得策といえる（実際に筆者らは、確信度の多様性が高い集団では、個人間で回答が一致しにくい、すなわち回答の多様性が高くなることを、計算機シミュレーションによって定量的に示している。e.g., Shirasuna & Honda, 2022)。

現実場面を考えてみても、非専門家（大抵は確信度が低い）が、専門家（大抵は確信度が高い）にはないような斬新な視点やアイデアを提供することがある。筆者らのシミュレーションの結果はそのような状況を反映しているとも考えられる。その意味で、集団内の「多様性」の重要さを改めて認識させるものだといえるだろう。

第5節　おわりに：認知と環境の考慮、人とＡＩの橋渡し

ノーベル経済学賞受賞者のハーバート・Ａ・サイモン（１９１６～２００１）は、人の判断や行動を「はさみの刃」にたとえた。はさみは刃が2枚あって初めて使えるのと同じように、人の判断や行動は「認知（人の思考など）」と「環境（周囲の状況や文脈など）」という2つの側面を考慮して初めて理解できる、と彼は主張した（Simon, 1990）。

例えば、研究1で「環境構造」を考慮することを述べたが、特にデジタル化の進む昨今においては、我々の生活する「環境」はこれまでにないくらい劇的に変わってきている。とすると、人の「認知」の側面もまた、それに応じて変わってくるかもしれない。このような点についても、今後検討の余地があるだろう。そして人の知性についての知見は、今度はまたＡＩの側に還元できる可能性を秘めている。すなわち、より人らしいＡＩ、あるいは人が使いやすいＡＩの開発に役立てることができるかもしれない。

認知と環境をともに見つめて人を理解し、人とＡＩを橋渡ししてよりよい未来を創る。少々大袈裟ではあるが、「人の知性」に関する研究がこのような形で社会に貢献できればと思う。

【引用文献】

Fischhoff, B., Slovic, P., & Lichtenstein, S. (1977). Knowing with certainty: The appropriateness of extreme confidence. *Journal of Experimental Psychology: Human Perception and Performance*, *3*(4), 552–564. https://doi.org/10.1007/s00423-009-0528-2

Freeman, J. B., & Ambady, N. (2010). MouseTracker: Software for studying real-time mental processing using a computer mouse-tracking method. *Behavior Research Methods*, *42*, 226–241. https://doi.org/10.3758/BRM.42.1.226

Galton, F. (1907). Vox populi. *Nature*, 75, 450–451. https://doi.org/10.1038/075509e0

Gigerenzer, G., Todd, P. M., & The ABC Research Group. (1999). *Simple heuristics that make us smart*. Oxford University Press.

Goldstein, D. G., & Gigerenzer, G. (2002). Models of ecological rationality: The recognition heuristic. *Psychological Review*, *109*(1), 75–90.

Hertwig, R., Leuker, C., Pachur, T., Spiliopoulos, L., & Pleskac, T. J. (2022). Studies in ecological rationality. *Topics in Cognitive Science*, *14*, 467–491. https://doi.org/10.1111/tops.12567

Herzog, S. M., Litvinova, A., Yahosseini, K. S., Tump, A. N., & Kurvers, R. H. J. M. (2019). The ecological rationality of the wisdom of crowds. In *Taming Uncertainty* (pp. 245–262). The MIT Press.

Honda, H., Matsuka, T., & Ueda, K. (2017). Memory-based simple heuristics as attribute substitution: Competitive tests of binary choice inference models. *Cognitive Science*, *41*(5), 1093–1118. https://doi.org/10.1111/cogs.12395

Kagawa, R., Shirasuna, M., Ikeda, A., Sanuki, M., Honda, H., & Nosato, H. (2022). *One-second Boosting: A Simple and Cost-effective Intervention for Data Annotation in Machine Learning*. PsyArXiv. https://doi.org/10.31234/osf.io/ctqgd

Leontyev, A., & Yamauchi, T. (2021). Discerning mouse trajectory features with drift diffusion model. *Cognitive Science*, *45*(10), e13046. https://doi.org/10.1111/cogs.13046

Lieder, F., & Griffiths, T. (2020). Resource-rational analysis: Understanding human cognition as the optimal use of limited computational resources. *Behavioral and Brain Sciences*, *43*, E1. https://doi.org/10.1017/S0140525X1900061X

Lowry, M., Trivedi, N., Boyd, P., Julian, A., Treviño, M., Lama, Y., & Heley, K. (2022). Making decisions about health information on social media: a mouse tracking study. *Cognitive Research: Principles and Implications*, *7*(68). https://doi.org/10.1186/s41235-022-00414-5

Moore, D. A., & Healy, P. J. (2008). The trouble with overconfidence. *Psychological Review*, *115*(2), 502–517. https://doi.org/10.1037/0033-295X.115.2.502

Simon, H. A. (1990). Invariants of human behavior. *Annual Review of Psychology*, *41*(1), 1–19. https://doi.org/10.1146/annurev.ms.10.080180.000245

Shirasuna, M. (2021). The adaptive use of heuristics: Investigations of human inferential strategies in a new task structure [Unpublished doctoral dissertation]. Tokyo, Japan: The University of Tokyo.

Shirasuna, M., Honda, H., Matsuka, T., & Ueda, K. (2020). Familiarity-matching: An ecologically rational heuristic for the relationships-comparison task. *Cognitive Science, 44*(2), e12806. https://doi.org/10.1111/cogs.12806

Shirasuna, M., & Honda, H. (2022). *Can individual subjective confidence in prior questions predict group performance in future questions?* PsyArXiv. https://doi.org/10.31234/osf.io/fpw6m

Stillman, P. E., Krajbich, I., & Ferguson, M. J. (2020). Using dynamic monitoring of choices to predict and understand risk preferences. *Proceedings of the National Academy of Sciences, 117*(50), 31738–31747. https://doi.org/10.1073/pnas.2010056117

Surowiecki, J. (2004). The wisdom of crowds. In *Anchor*. https://doi.org/10.1016/S0140-6736(16)31130-8

Tversky, A., & Kahneman, D. (1974). Judgment under uncertainty: Heuristics and biases. *Science, 185*(4157), 1124–1131. https://doi.org/10.1126/science.185.4157.1124

白砂大・香川璃奈・本田秀仁（２０２２）「人の判断プロセスの解明に向けたマウス軌跡の実験的検討」（日本認知心理学会第19回大会）O-A03.

なお、研究１～３の冒頭のエピグラフは、いずれも左記より引用した。

E・A・ポー、小川高義［訳］（２００６）『黒猫／モルグ街の殺人』（光文社古典新訳文庫）

心のダークサイドの探求

増井 啓太

はじめに

社会的動物であるわれわれにとって、他者との相互作用は生存のために必要不可欠なものである。そのため、適切な相互作用の築き方やそれに必要なルールを教育や経験を通じて学習していく。例えば、約束事をする時に唄われる「指きりげんまん」によって、私たちは他者との約束を守ることの大切さやそれを破った場合に罰を受けることを学ぶ。また、善良な行いを推奨し、悪行には罰を与える「勧善懲悪」をテーマとした文学や娯楽作品に親しみながら、私たちは利他性や愛他性、道徳心といった社会性を育んできた。それだけでなく、「勧善懲悪」は、他者の命や権利を侵害するような悪行に対しては法的な罰則を与えるという近代国家の社会システムを支える重要な基盤といえる（増井・浦、2018）。

しかし、私たちの中には、共感や罪悪感が欠如し、自分の目的のためには他人を利用し、攻撃的な振る舞いによって他者を支配しようとする人たちも少なからず存在する。本稿では、そのような人たちが持つダークな心理特性に着目し、心のダークサイドの探究に関わる実証的知見を紹介する。なお、心のダークサイドにある心理特性として本稿ではDark Triad（以下、ＤＴとする）に着目する。

心のダークサイド

共感や罪悪感が低く、適切な対人関係の構築に問題を抱えやすい人たちが共通して持つ心理特性としてＤＴがある。ＤＴを直訳すると「闇の三項」となるが、心理学では社会的に望ましくない3つの心理特性の総称を指す。３つの心理特性とは、マキャベリアニズム、サイコパシー、自己愛傾向である（Paulhus & Williams, 2002）。

マキャベリアニズム（Machiavellianism）の概念は、イタリアの政治思想家であるニッコロ・マキャヴェッリ（Niccolò Machiavelli, 1469-1527）の著書「君主論」に由来する。彼は自著のなかで、君主は理想や理念よりも現実的な利益を優先し、目的達成のためには手段を選ぶべきではないと述べている。そして、そのためには残酷で、非倫理的な行為の必要性も説いている（木川、２０１６）。その後、誰しもがマキャヴェッリによって提言されたこれらの特徴を有していると考えられるようになり、Christie & Geis（1970）によってマキャベリアニズムと名付けられた。マキャベリアニズムの特徴として、操作的な対人戦略、人間の本質に対する冷めた見方、道理よりも便宜を優先する道徳観が挙げられる（O'Boyle, Forsyth, Banks, & McDaniel, 2012）。

サイコパシー（Psychopathy）の特徴は、アメリカの精神科医であったクレックレーが執筆した「*The Mask of Sanity*」（Cleckley, 1976）の中で初めて登場した。その著書の中でクレックレーは、サイコパシーの特徴として、表面的な魅力、不安の欠如、罪悪感の欠如、信頼できないこと、不誠実、自己中心的、親しい関係を継続して作れないこと、罰から学ばないこと、将来の計画が立てられないこと、などを挙げている。その後、カナダの精神科医であるヘアが、これらの特徴に自らの臨床経験を加え、科学的にサイコパシーを診断するための Psychopathy Checklist（ＰＣＬ）を開発した（Hare, 1980）。ＰＣＬでは、情動面、対人関係面、行動面のそれぞれの観点からサイコパシーの特徴を捉える。

自己愛傾向（Narcissism）はギリシャ神話に出てくるナルキッソスに由来する。彼は池に映る自分の美しさに見とれてしまったことから、自己への過度な陶酔、誇大的空想、他者からの注目や賞賛の追求、権力・美への欲求などが自己愛傾向の特徴として挙げられる（Kernberg, 1975）。研究の初期では、過度な自己陶酔はパーソナリティ障害の一種と考えられてきたが、健常者の中でもそのような特性が認められることから、最近ではパーソナリティ特性のひとつとされる（Raskin & Hall, 1981）。小西・山田・佐藤（２００８）は自己愛傾向の高い人の特徴として、他者から注目されることを求め、顕示的で自信に満ちていると述べている。

次にＤＴの測定方法について説明する。これまでＤＴを測定するためにさまざまなツールが開発されてきた。マキャベリアニズム尺度として、現在最も一般的に用いられているものは Christie & Geis（1970）によって作成された Machiavellianism Scale Ⅳ（ＭＡＣＨ—Ⅳ）である。ＭＡＣＨ—Ⅳは20の項目から構成された自己評定尺度で、マキャベリアニズムを適切に測定できる尺度である（中村他、２０１２）。この他にも、古賀（１９９９）はＭＡＣＨ—Ⅳに5項目を追加した改訂版マキャベリアニズム尺度を作成している。サイコパシーを測定する尺度にはPsychopathic Personality Inventory-Revised（PPI-R; Lilienfeld & Widows, 2005）やthe Levenson's Self-Report Psychopathy scale（LSRP; Levenson, Kiehl, & Fitzpatrick, 1995）、Self-Report Psychopathy scale（SRP-III; Paulhus, Hemphill, & Hare, 2009）が挙げられる。ＰＰＩ—Ｒは、ＰＣＬの項目をもとに作成された１５４項目の自己記入式質問紙で、８つの下位尺度から構成された尺度である。ＬＳＲＰは26項目から構成された質問紙で、サイコパシーの情動の側面と行動の側面を測定する。ＳＲＰ—ⅢはＰＣＬの項目に沿って作成され、64項目、４因子で構成された尺度である。いずれの尺度も一定水準以上の信頼性と妥当性を持つ尺度であることが確認されている（e.g., Levenson et al., 1995; Uzieblo, Verschuere, Van den Bussche, & Crombez, 2010）。近年では、サイコパシーを三次元の概念から説明するモデルが確立され（Patrick, Fowles, & Krueger, 2009）、そのモデルに基づいた尺度が開発された（Patrick, 2010）。この尺度では、サイコパシーを脱抑制（disinhibition）、粗悪さ（meanness）、大胆さ（boldness）から捉え、サイコパシーを理解するために最も効果的なアプローチのひとつであると言われている（Zeigler-Hill & Marcus, 2019）。

自己愛傾向を測定する尺度では、Raskin & Hall（1979）が作成したNarcissistic Personality Inventoryやその短縮版（小西・大川・橋本、２００６及び小塩、１９９９及びRaskin & Terry, 1988）が一般的に用いられる。このうち小塩（１９９９）が作成したNarcissistic Personality Inventory-Short Versionは30項目、3因子からなる尺度である。

ＤＴに関する初期の研究では、上記で紹介した尺度を同時並行的に用いて、各尺度得点を合算、もしくは平均することによってＤＴの測定を行ってきた。しかしながら、この方法では、項目数が多くなるため、評価者に疲労やストレスを与え、回答の欠損や誤答につながりやすいといった問題点があった。このような問題点を解決するために、Jonason & Webster（2010）は、12項目から構成された Dark Triad Dirty Dozen（ＤＴＤＤ）を開発した（表1）。この他にも、27項目からなる Short Dark Triad（SD-3; Jones & Paulhus, 2014）が開発されている。これらの尺度はいずれも充分な信頼性と妥当性を持つことが確認されており（下司・小塩、２０１７ 及び 田村・小塩・田中・増井・Jonason、２０１５）、ＤＴＤＤやＳＤ―３の開発によって、ＤＴをより簡便に測定することが可能となった。しかしながら、ＤＴの複雑な構成概念を適切に測定するためには、ＤＴＤＤやＳＤ―３の項目数では少なすぎるという批判もある（Zeigler-Hill & Marcus, 2019）。

ＤＴの各特性の共通点とは何であろうか？　先行研究では、ＤＴの中心にある核として、共感性の欠如を特徴とする「冷淡さ（callousness）」と「他者操作性（manipulation）」を挙げている（Jones & Figueredo, 2013）。また、ＤＴと性格５因子モデルとの関連においては、いずれの特性も協調性の低さと関連する（e.g., Jakobwitz & Egan, 2006; O'Boyle, Forsyth, Banks, Story, & White, 2015; Paulhus & Williams, 2002）。性格５因子モデルに正直さ―謙虚さ（Honesty-Humility）因子を追加したＨＥＸＡＣＯモデルとの関連について、ＤＴの特性はいずれも、正直さ―謙虚さ因子と負の関連を示している（Lee & Ashton, 2005）。

表 1　日本語版 DTDD の項目と下位因子

	項目	下位因子
1	私には他の人をあやつっても自分の思い通りにするところがある	M
2	私は，あまり自分のあやまちを認めることがない	P
3	私は，他の人から立派な人物だと思われたいほうだ	N
4	私には他の人をだましたり嘘をついても自分の思い通りにするところがある	M
5	私は，自分の行動の善悪にはあまり関心がない	P
6	私は，他の人から注目してほしいと思いがちだ	N
7	私には他の人にお世辞を言っても自分の思い通りにするところがある	M
8	私は，どちらかというと冷淡で人の気持ちを気にしない	P
9	私は，高い身分や名声を手に入れたいと思いがちだ	N
10	私には自分の目的のために他の人を利用するところがある	M
11	私は，どちらかというと疑い深くひねくれた人間である	P
12	私は，他の人からの特別な好意を期待しがちだ	N

Note: M= マキャベリアニズム，P= サイコパシー，N= 自己愛傾向

ＤＴと問題行動との関連

これまでＤＴはさまざまな問題行動と密接に結びついていることが指摘されている。ここからは、ＤＴと、攻撃行動や物質乱用、過度のギャンブルといった反社会的行動との関連についての先行知見をまとめる。

まず、ＤＴと攻撃行動との関連について、Jones & Neria（2015）は、ＤＴの各特性が高いほど身体的な攻撃や言語的な攻撃の頻度が高いことを報告している。さらに、マキャベリアニズムとサイコパシーは敵意的な態度とも関連があることが示唆された。Jonse & Paulhus（2010）の研究では、サイコパシーの高い人は、身体的脅威に対して攻撃的に反応するのに対して、自己愛傾向の高い人は、自己に対する評価が脅かされた時に攻撃的反応を示すことを明らかにした。これらの先行知見は、ＤＴの各特性はいずれも攻撃行動と関与するが、その関わり方は特性ごとで異なる可能性を示唆している。加えて、ＤＴは敵意的な対人行動とも関連することが報告されている。例えば、Masui, Fujiwara, & Ura（2013）の研究では、１３９名の大学生を対象として、サイコパシーとユーモアスタイルとの関連を調査した。調査の結果、サイコパシー傾向の高い人ほど、他者を傷つけることでその場の笑いを取ろうとする攻撃的ユーモアを使いやすかった。この研究ではさらに、他者からの排斥経験の多さが高サイコパシー傾向者の攻撃的ユーモアスタイルの使用を促進することも報告された。

さらに、ＤＴはオンライン上の攻撃行動や問題行動とも関連することが指摘されている。インターネット上で他者を攻撃し、不快な思いをさせるネット荒らしに関する研究では、マキャベリアニズムやサイコ

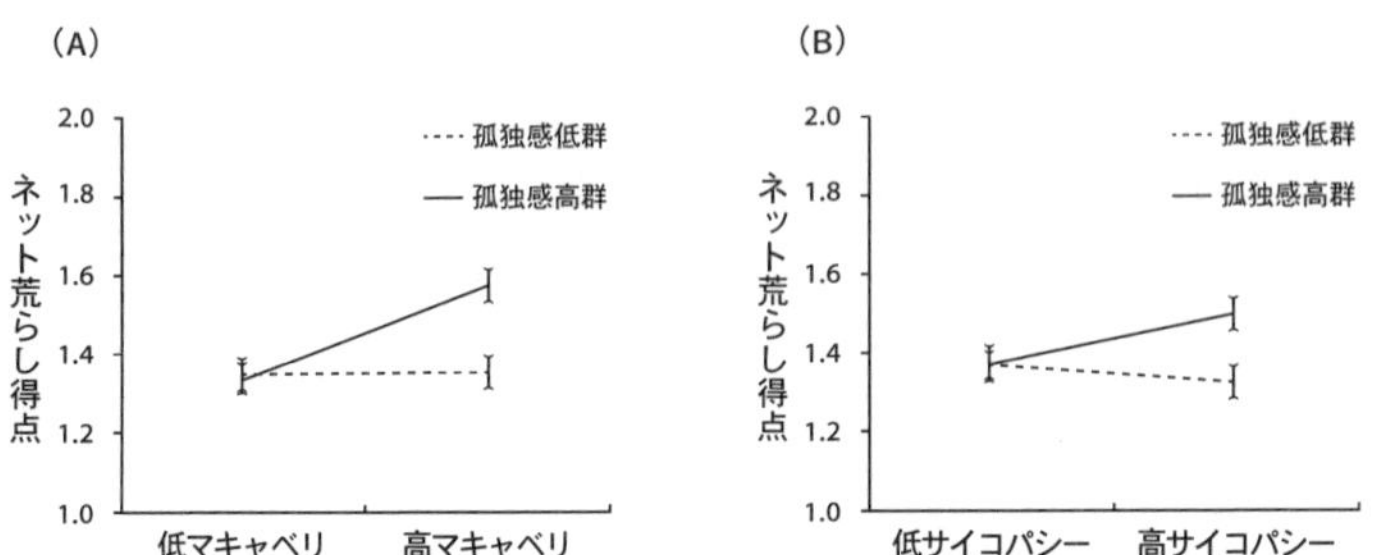

図1　マキャベリアニズムと孤独感（A），ならびにサイコパシーと孤独感（B）がネット荒らしに及ぼす影響。Masui (2019) を一部改変

パシーの水準の高い人ほどネット荒らしを行うことに喜びを感じていた（Buckels, Tranpnell, & Paulhus, 2014）。Cracker & March（2016）は、サイコパシーの水準の高さがソーシャルメディアでの荒らしを予測することを明らかにした。増井・田村・マーチ(2019)や Masui（2019）の研究でもＤＴの各特性の高さがネット荒らしの程度と関連することを述べている。併せて、Masui（2019）は、孤独感がＤＴとネット荒らしとの関連を調整し、サイコパシーやマキャベリアニズムの程度が高く、かつ孤独を強く感じている人がネットを荒らしやすいことを明らかにしている（図１）。Masui（2018）の研究でも、自己愛傾向の一つの側面である特権意識（自分は他者から特別な扱いを受けるに値する人物であると思うこと）の水準が高く、かつ孤独を感じている人がネット荒らしを行いやすいことが報告されている。この他にも、Necera & Dahlen（2020）は、２９７人の大学生を対象としてＤＴとオンライン上の攻撃行動との関連を

調査し、DTとオンライン上の攻撃行動との間に正の関連があったことを見出している。

DTと物質乱用との関連について、カナダの大学生を対象とした調査によると、サイコパシーおよび自己愛傾向の高い人ほどアルコールや薬物、タバコの使用量が多いことが述べられている（Stenason & Vernon, 2016）。また、Birkley, Giancola, & Lance（2013）は、サイコパシーの高い人の攻撃行動に及ぼす飲酒の影響を検討した。実験では初めにPPIにて参加者のサイコパシーの程度を測定した。回答後、アルコール飲料もしくはノンアルコール飲料のいずれかを摂取させた。その後、2人のプレイヤーでキーボードのボタンを押す速さを競い、勝者は敗者に電気ショックを与える課題を行った。参加者が選択した電気ショックの強さとショックを与え続けた時間をもとに攻撃行動の程度を測定した。なお、参加者以外のプレイヤーは架空の人物であり、実際には参加者が与えた電気ショックは流されなかった。実験の結果、サイコパシーが高く、アルコール飲料を摂取した参加者は、サイコパシーが高く、ノンアルコール飲料を摂取した参加者やサイコパシーの低い参加者よりも攻撃的であった。

DTはギャンブルとも関連することが指摘されている。例えば、572人の大学生を対象とした調査では、DTの3特性は過度なギャンブルと関連することが認められた。加えて、DTのそれぞれの特性がギャンブルに及ぼす影響を詳細に検討した結果、サイコパシーから過度なギャンブルへの影響は、残りの2特性の影響を統制した後も有意であった（Trombly & Zeigler-Hill, 2017）。

その他の知見として、DTは学業場面でのカンニングや非生産的勤務行動（職場の物を盗む、同僚の悪口を言うなど）、短期的で自分本位な配偶行動と関連することが明らかとなっている（e.g., O'Boyle et al., 2012; Williams, Nathanson, & Paulhus, 2010）。

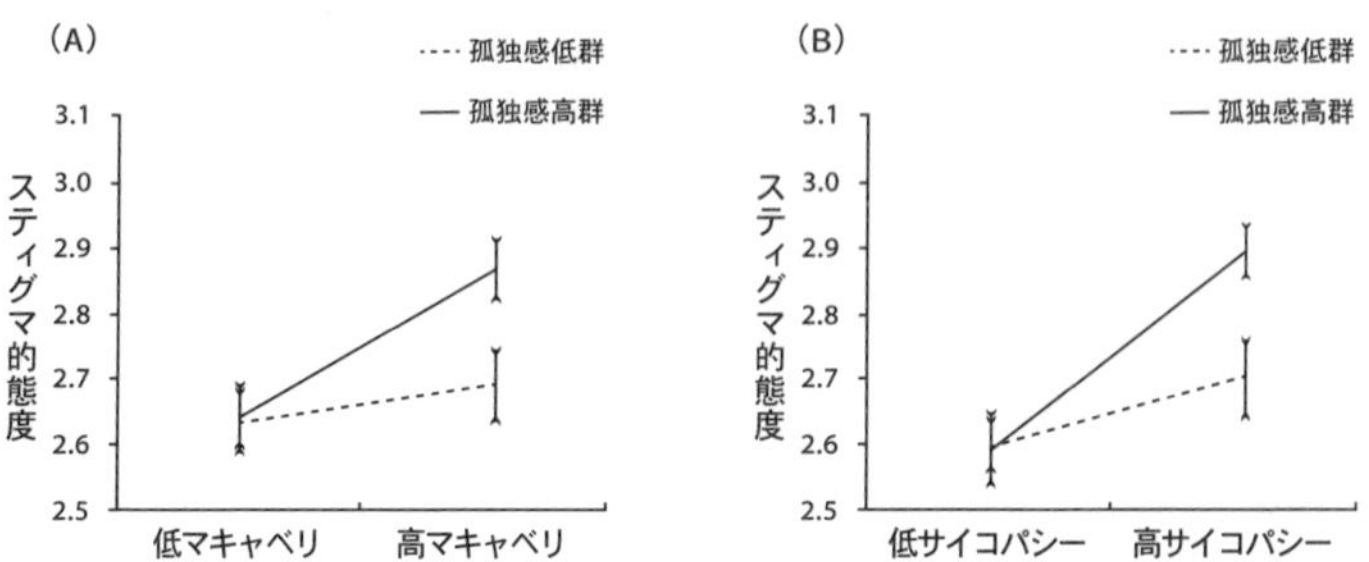

図２　マキャベリアニズムと孤独感（A），ならびにサイコパシーと孤独感（B）がスティグマ的態度に及ぼす影響
増井（2021）を一部改変

DTと対人認知との関連

ＤＴ傾向の高い人たちの認知的特徴に関して、彼ら・彼女らは敵意的で、ネガティブな対人認知を行いやすいとされる。Hodson, Hogg, & MacInnis (2009) は、カナダの大学生を対象としてＤＴと移民に対する態度や偏見との関連を調査した。その結果、ＤＴの高い人ほど移民に対する偏見の程度が強かった。さらに、ＤＴの高い人は移民に対して脅威を感じやすく、そのことが偏見の程度をより高めるという一連のプロセスも明らかとなった。

増井（２０２１）は、21歳から69歳までの日本人の男女５１１人を対象に、ＤＴと社会階層の低い人たちへのスティグマ（Stigma）的態度との関連を調べた。スティグマとは、元来は犯罪者や奴隷に対する烙印を意味する言葉であり、現在では特定の人種や集団に対する負のレッテルを指す。そして、スティグマを付与された人物は差別や排斥を受けやすいとされる（Goffman, 1963）。増井（２０２１）の研究では、スティグマを付与されやすい人たちとして社会階層の低い人たちに注目し、彼ら・彼女らに対するスティグマ的態度とＤＴとの関連を検討した。その結果、サイコパシー、ならびにマキャベリアニズムの傾向の高い人ほど社会階層の低い人たちへのスティグマ的態度が強いことが示唆された。さらに、それらの関係は孤独感によって調整され、サイコパシーやマキャベリアニズムが高く、かつ孤独を強く感じている人においてスティグマ的態度が強くなることが見出された。一方で、サイコパシーやマキャベリアニズムが高くても、孤独をあまり感じていない人はスティグマ的態度が弱いことが報告された（図２）。

増井（２０２２）の研究では、ＤＴと新型コロナウイルス感染症（ＣＯＶＩＤ―19）患者への偏見的態度との関連が検討された。この調査は日本人の男女４１６人を対象に、２０２１年７月に実施された。[*1] ＣＯＶＩＤ―19患者への偏見的態度を測定するために、「新型コロナウイルスは危険な病気なので、感染した人が差別されるのはある程度は仕方のないことだ」や「新型コロナウイルスに感染した人を差別することはよくないことだが、周囲の人がそうするなら私も差別をするだろう」といった質問項目に対して「全くそう思わない」から「非常にそう思う」の７件法で回答を求めた。また、日本は諸外国よりもＣＯＶＩＤ―19感染を感染者自身の責任に求める割合が高いことが明らかとなっている（三浦・平石・中西、２０２０）。そこで、「新型コロナウイルスに感染する人は、自業自得だと思う」や「新型コロナウイルス

＊1　調査は、日本国内のＣＯＶＩＤ―19感染症流行の第４波が落ち着き、１日あたりの新規感染者が減少し始めた時期に実施された。

への感染は、本人のせいだと思う」といった質問項目へ回答を求め、ＣＯＶＩＤ―19感染の責任を感染者自身に求める傾向がＤＴと偏見的態度との関係性にどのような影響を及ぼすのかを調査した。その結果、サイコパシーおよびマキャベリアニズムの傾向の高い人ほどＣＯＶＩＤ―19患者に対する偏見的態度が強かった。さらに、サイコパシーやマキャベリアニズムが高く、かつ感染の責任を感染者自身に求めやすい人は、ＤＴが低い人や感染の責任を感染者本人にあまり求めない人と比較して、偏見的態度が強くなることが示された。これまで述べてきた先行知見はいずれも、ＤＴ傾向の高い人は特定の集団に属する人たちへの差別的・偏見的態度を持ちやすいことを示唆する。これらの知見は、ＤＴ傾向の高い人たちは敵意的で、ネガティブな対人認知を行いやすいことを示している。それでは、ＤＴ傾向の高い人たちは他者からどのような印象を持たれているのだろうか？　以降では、高ＤＴ傾向者に対する他者からの印象についての先行研究を紹介する。

一般的に、他者への配慮に欠け、自己中心的で、問題行動を起こしやすい人物に対して、私たちは好ましい印象を抱きにくい。事実、高ＤＴ傾向者への他者からの印象を調べた研究では、高ＤＴ傾向者は配慮に欠け、無邪気さや誠実性が低いというネガティブな印象を抱かれやすいと報告されている（Rauthmann, 2012）。同様に、Rauthmann & Kolar（2013）の研究では、ＤＴの特徴を持つ人物に対する魅力や好意の評価が低かったことが述べられている。

その一方で、ＤＴ傾向の高い人たちに魅力を感じる人たちもいることが示されている。例えば、Carter et al.（2014）は、イギリスの女子大学生１２８人を対象に、ある男性が自身の性格について記述したとする文章（実際には、実験者によってあらかじめ決められた内容の文章）を読ませ、その人物への魅力度を測定した。文章の内容は、ＤＴの特徴を含む性格が記述されているものと、ＤＴの特徴を含んでいない性格が書かれたものであった。参加者はどちらか一方の文章を読んだ後、その人物の性格やその人物への魅力度に回答した。実験の結果、ＤＴの特徴を含む性格が書かれた文章を読んだ参加者は、その人物をより「ダークな」人物であると評価した。それにも拘らず、そのような人物に対する魅力度の程度は、ＤＴの特徴を含まない人物に対するものよりも高かった。Juak et al.（2016）の研究では、参加者にＤＴの尺度に回答をさせた後、参加者の写真を撮影した。そして、第三者にその写真を見せ、参加者の身体的魅力を評価させた。その結果、サイコパシーおよび、自己愛性傾向の高い参加者ほど第三者からより魅力的だと評価されていた。さらに、Marcinkowska, Helle, & Lyons（2015）は、ＤＴの各特性の高い男性と低い男性の顔写真を何枚も重ね合わせ、高ＤＴ傾向者と低ＤＴ傾向者の平均顔を作成した。その後、どちらの顔が女性からより選好されるのかを調べた。その際、避妊薬の使用の有無と性に対する開放性の個人差が顔の選好に及ぼす影響も検討した。研究の結果、避妊薬を使用しておらず、性に対して開放的な女性は自己愛性傾向の高い男性の顔を、低い男性の顔よりも選好した。

心のダークサイドにある他の特性

本稿では心のダークサイドにある心理特性としてＤＴを取り上げた。しかし、心のダークサイドにはＤＴ以外の特性も存在することが報告されている。具体的には、Chabrol, Van Leeuwen, Rodgers, & Séjourné（2009）は、ＤＴにサディズムを加えたDark Tetradという概念を提唱した。サディズム（sadism）とは、他者の苦痛や苦しみを喜ぶ傾向のことで、マキャベリアニズムやサイコパシーとの共通点が多いことが指摘されている（e.g., Masui, 2019）。この他にも、完全主義（perfectionism）や依存傾向（dependency）といった特性は、必ずしも敵対的ではないが、時として破壊的で暴力的な結果を引き起こすとされる（Zeigler-Hill & Marcus, 2019）。近年では、スパイト傾向（spitefulness: Marcus, Zeigler-Hill, Mercer, & Norris, 2014）[*2]や強欲傾向（greediness: Seuntjens, Zeelenberg, van de Ven, & Breugelmans, 2015）、権威主義的パーソナリティ（authoritarian personality: Ludeke, 2016）といった特性に注目が集まっている。いずれの特性も共感の低さや攻撃性の高さと関連することが明らかとなっており、今後はＤＴと併せて考慮すべき特性であろう。

本稿のまとめ

本稿は心のダークサイドにある心理特性としてＤＴに着目し、ＤＴとさまざまな問題行動、ならびに敵意的でネガティブな対人認知との関連を調べた先行知見をまとめた。具体的には、ＤＴ傾向の高い人たちは攻撃行動、物質乱用、過度のギャンブルといった問題行動を行いやすいことが示唆されている。また、彼ら・彼女らは、特定の集団や集団に属している人たちに対して偏見的態度や差別的態度を示しやすいことが明らかとなっている。ＤＴ傾向の高い人たちが他者からどのような印象を抱かれているかに関しては、彼ら・彼女らは、配慮に欠け、誠実性が低く、あまり魅力的でないという印象を抱かれやすい。その一方で、高ＤＴ傾向者の身体的魅力を高く評価する人たちがいることも報告されている。

心のダークサイドを研究することは、社会のなかで適切な対人関係を構築、維持するために必要な要因の検討や、利他性、協調性といった社会生活を送るうえで必要不可欠となる特性の発達基盤の検討を行ううえで重要であるといえよう。さらには、社会システムのあり方に関する議論などに発展させていくことで、安心・安全社会の実現のための知見獲得が可能となると考えられる。

＊2　スパイト傾向とは、「たとえ自分が損をしても他者に得をさせたくない傾向」のことである（Marcus et al., 2014）。強欲傾向とは、「常により多くを求め、現状に決して満足しない傾向」と定義される（Seuntjens et al., 2015）。権威主義的パーソナリティとは、「権威に黙従し、既成の価値観を大切にし、狭小で柔軟性を欠いたパーソナリティ」（Adorno, Frenkel-Brunswik, Levinson, & Sanford,1950 及び 田中・矢沢・小林訳、１９８０）をさす。

【引用文献】

Adorno, T. W., Frenkel-Brunswik, E., Levinson, D. J. & Sanford, R. N. (1950). *The Authoritarian Personality*. Harper & Brothers.（田中 義久・矢沢 修次郎・小林 修一［訳］（１９８０）『権威主義的パーソナリティ』青木書店）

Birkley, E. L., Giancola, P. R., & Lance, C. E. (2013). Psychopathy and the prediction of alcohol-related physical aggression: The roles of impulsive antisociality and fearless dominance. *Drug and Alcohol Dependence, 128*, 58-63.

Buckels, E. E., Trapnell, P. D., & Paulhus, D. L. (2014). Trolls just want to have fun. *Personality and Individual Differences*, *67*, 97–102.

Carter, G. L., Campbell, A. C., & Muncer, S. (2014). The dark triad: Beyond a 'male' mating strategy. *Personality and Individual Differences*, *56*, 159-164.

Chabrol, H., Van Leeuwen, N., Rodgers, R., & Séjourné, N. (2009). Contributions of psychopathic, narcissistic, Machiavellian, and sadistic personality traits to juvenile delinquency. *Personality and Individual Differences, 47*, 734-739.

Christie, R. C., & Geis, F. L. (1970). *Studies in Machiavellianism*. New York: Academic press.

Cleckley, H. M. (1976). *The mask of sanity. (5th ed.)*. St Louis, MO: Mosby.

Cracker, N., & March, E. (2016). The dark side of Facebook®: The Dark Tetrad, negative social potency, and trolling behaviours. *Personality and Individual Differences, 102*, 79-84.

Goffman, E. (1963). *Stigma: Notes on the management of spoiled identity*. Englewood Cliffs, N.J: Prentice-Hall.

Hare, R. D. (1980). A research scale for the assessment of psychopathy in criminal populations. *Personality and*

Individual Differences, 1, 111-119.

Hodson, G., Hogg, S. M., & MacInnis, C. C. (2009). The role of "dark personalities" (narcissism, Machiavellianism, psychopathy), Big Five personality factors, and ideology in explaining prejudice. *Journal of Research in Personality, 43*, 686–690.

Jakobwitz, S., & Egan, V. (2006). The dark triad and normal personality. *Personality and Individual Differences, 40*, 331–339.

Jonason, P. K., & Webster, G. D. (2010). The Dirty Dozen: A concise measure of the Dark Triad. *Psychological Assessment, 22*, 420–432.

Jones, D. N., & Figueredo, A. J. (2013). The core of darkness: Uncovering the heart of the Dark Triad. *European Journal of Personality, 27*, 521-531.

Jones, D. N., & Neria, A. L. (2015). The Dark Triad and dispositional aggression. *Personality and Individual Differences, 86*, 360-364.

Jones, D. N., & Paulhus, D. L. (2010). Different provocations trigger aggression in narcissists and psychopaths. *Social Psychological and Personality Science, 1*, 12-18.

Jones, D. N., & Paulhus, D. L. (2014). Introducing the Short Dark Triad (SD3): A brief measure of dark personality traits. *Assessment, 21*, 28–41.

Juak, E., Neubauer, A. C., Mairunteregger, T., Pemp, S., Sieber, K. P., & Rauthmann, J. F. (2016). How Alluring Are Dark Personalities? The Dark Triad and Attractiveness in Speed Dating. *European Journal of Personality, 30*, 125-138.

Kernberg, O. (1975). *Borderline conditions and pathological narcissism*. New York: Jacson Aronson.

Lee, K., & Ashton, M. C., (2005). Psychopathy, Machiavellianism, and Narcissism in the Five-Factor Model and the HEXACO model of personality structure. *Personality and Individual Differences, 38*, 1571-1582.

Levenson, M. R., Kiehl, K. A., & Fitzpatrick, C. M. (1995). Assessing psychopathic attributes in noninstitutionalized population. *Journal of Personality and Social Psychology, 68*, 151-158.

Lilienfeld, S. O., & Widows, M. R. (2005). *Psychopathic Personality Inventory-Revised: Professional Manual*. Lutz, FL: Psychological Assessment Resources.

Ludeke, S. (2016). Authoritarianism: Positives and negatives. In V. Zeigler–Hill & D. K. Marcus (Eds.), *The dark side of personality: Science and practice in social, personality, and clinical psychology*. Washington, DC: American Psychological Association.

Marcinkowska, U. M., Helle, S., & Lyons, M. T. (2015). Dark traits: Sometimes hot, and sometimes not? Female preferences for Dark Triad faces depend on sociosexuality and contraceptive use. *Personality and Individual Differences, 86*, 369–373.

Marcus, D. K., Zeigler–Hill, V., Mercer, S., & Norris, A. L. (2014). The psychology of spite and the measurement of spitefulness. *Psychological Assessment, 26*, 563–574.

Masui, K. (2018). Loneliness Facilitates Internet Trolling by Individuals with High Psychological Entitlement. *Paper presented at the 23rd World Meeting of the International Society for Research on Aggression* (Paris, France).

Masui, K. (2019). Loneliness moderates the relationship between Dark Tetrad personality traits and internet trolling. *Personality and Individual Differences, 150*, Article 109475.

Masui, K., Fujiwara, H., & Ura, M. (2013). Social exclusion mediates the relationship between psychopathy and aggressive humor style in noninstitutionalized young adults. *Personality and Individual Differences, 55*, 180–184.

Nocera, T. R., & Dahlen, E. R. (2020). Dark Triad personality traits in cyber aggression among college students. *Violence and Victims, 35*, 524–538.

O'Boyle, E. H. Jr, Forsyth, D. R., Banks, G. C., & McDaniel, M. A. (2012). A meta-analysis of the Dark Triad and work behavior: A social exchange perspective. *Journal of Applied Psychology, 97*, 557–579.

O'Boyle, E. H., Forsyth, D. R., Banks, G. C., Story, P. A., & White, C. D. (2015). A meta-analytic test of redundancy and relative importance of the dark triad and five-factor model of personality. *Journal of Personality, 83*, 644-664.

Patrick, C. J. (2010). *Triarchic Psychopathy Measure (TriPM)*. PhenX Toolkit Online assessment catalog. Retrieved from www.phenxtoolkit.org/index. php?pageLink=browse. protocoldetails&id=121601.

Patrick, C. J., Fowles, D. C., & Krueger, R. F. (2009). Triarchic conceptualization of psychopathy: Developmental origins of disinhibition, boldness, and meanness. *Development and Psychopathology, 21*, 913–938.

Paulhus, D. L., & Williams, K. M. (2002). The Dark Triad of personality: Narcissism, Machiavellianism and psychopathy. *Journal of Research in Personality, 36*, 556–563.

Raskin, R. N., & Hall, C. S. (1979). Narcissistic Personality Inventory. *Psychological Reports, 45*, 590.

Raskin, R., & Hall, C. S. (1981). The narcissistic personality inventory: Alternate form reliability and further evidence of construct validity. *Journal of Personality Assessment, 45*, 159-162.

Raskin, R., & Terry, H. (1988). A principal-components analysis of the narcissistic personality inventory and further evidence of its construct-validity. *Journal of Personality and Social Psychology, 54*, 890–902.

Rauthmann, J. F. (2012). The dark triad and interpersonal perception: Similarities and differences in the social consequences of narcissism, machiavellianism, and psychopathy. *Social Psychological and Personality Science, 3*, 487-496.

Rauthmann, J. F., & Kolar, G. P. (2013). Positioning the Dark Triad in the interpersonal circumplex: The friendly-dominant narcissist, hostilesubmissive Machiavellian, and hostile-dominant psychopath? *Personality and Individual Differences, 54*, 622–627.

Seuntjens, T. G., Zeelenberg, M., Van de Ven, N., & Breugelmans, S. M. (2015). Dispositional greed. *Journal of Per-*

sonality and Social Psychology, 108, 917–933.

Stenason, L., & Vernon, P. (2016). The dark triad, reinforcement sensitivity and substance use. *Personality and Individual Differences, 94*, 59-63.

Trombly, D. R. C., & Zeigler-Hill, V. (2017). The Dark Triad and disordered gambling. *Current Psychology, 36*, 740-746.

Uzieblo, K., Verschuere, B., Van den Bussche, E., & Crombez, G. (2010). The validity of psychopathy personality inventory-revised in a community sample. *Assessment, 17*, 334-346.

Williams, K. M., Nathanson, C., & Paulhus, D. L. (2010). Identifying and profiling scholastic cheaters: Their personality, cognitive ability, and motivation. *Journal of Experimental Psychology: Applied, 16*, 293–307.

Zeigler-Hill, V., & Marcus, D. K. (2019). The dark side of personality: Revisiting Paulhus and Williams (2002). In P. J. Corr (Ed.), *Personality and individual differences: Revisiting the classic studies* (pp. 245–262). London: SAGE.

木川 智美（２０１６）「他者を操作することの心理学的研究の動向と展望」（心理学評論・59、３８７―３９６頁）

古賀 ひろみ（１９９９）「改訂版マキャベリアニズム尺度作成の試み」（立教大学心理学研究・42、８３―９２頁）

小西 瑞穂・大川 匡子・橋本 宰（２００６）「自己愛人格傾向尺度（NPI-35）の作成の試み」（パーソナリティ研究・14、２１４―２２６頁）

小西 瑞穂・山田 尚登・佐藤 豪（２００８）「自己愛人格傾向についての素因――ストレスモデルによる検討」（パーソナリティ研究・17、２９―３８頁）

増井 啓太（２０２１）「Dark Triad と孤独感が社会階層の低い人へのスティグマ的態度に及ぼす影響」（日本社会心理学会第62回大会発表論文集、８２頁）

増井 啓太（２０２２）「Dark Triad が新型コロナウイルス感染症患者への偏見的態度に及ぼす影響――内在的公正推論による調整効果の検討」（日本社会心理学会第63回大会）

増井 啓太・田村 紋女・マーチ エヴィータ（２０１９）「日本語版ネット荒らし尺度の作成」（心理学研究・89、６０２―６１０頁）

増井啓太・浦 光博（２０１８）「「ダークな」人たちの適応戦略」（心理学評論・61、３３０―３４３頁）

三浦 麻子・平石 界・中西 大輔（２０２０）「感染は「自業自得」か――状況の力の解明に挑む」（科学・90、９０６―９０８頁）

中村 敏健・平石 界・小田 亮・齋藤 慈子・坂口 菊恵・五百部 裕・清成 透子・武田 美亜・長谷川 寿一（２０１２）「マキャベリアニズム尺度日本語版の作成とその信頼性・妥当性の検討」（パーソナリティ研究・20、２３３―２３５頁）

小塩 真司（１９９９）「高校生における自己愛傾向と友人関係のあり方との関連」（性格心理学研究・8、１―１１頁）

下司 忠大・小塩 真司（２０１７）「日本語版 Short Dark Triad (SD3-J) の作成」（パーソナリティ研究・26、１２―２２頁）

田村 紋女・小塩 真司・田中 圭介・増井 啓太・ジョナソン ピーター カール（２０１５）「日本語版 Dark Triad Dirty Dozen (DTDD-J) 作成の試み」（パーソナリティ研究・24、２６―３７頁）

第4章 トラウマをめぐって
――施策、研究、臨床

櫻井 鼓

第1節 犯罪被害者支援と私[*1]

こういった機会でもなければ、これまで私自身が行ってきた犯罪の心理臨床に関わる仕事と研究について改めて振り返ることはないだろう。

私は学生時代に漠然と、非行少年を追いかけたい、と思っていた。散々迷った挙句、非行に携わる仕事の中でも、最も「カウンセリング」ができそうな警察の心理職として働くことを決めた。神奈川県警察本部は横浜のみなとみらい地区のあたりにあり、横浜港に面した20階建ての建物の佇まいも、良かった。刑事事件手続や少年事件手続の流れを思い出していただければ明らかだが、犯罪があったときに真っ先に

＊1　本節の警察に係る記述は私見であり、警察の公式見解ではない。

対応するのは警察である。例えば、刑法犯の認知件数だけを見ても、２０２０（令和２）年は全国で約61万４０００件であり（法務省、２０２１）、それだけ扱う事件数は多いのだから、携わる相談数も多くなる。入職して希望どおり、暴力行為、窃盗、薬物乱用、性加害などの非行を犯した少年や、犯罪やいじめによる被害を受けた少年の相談活動に携わる部門に配属された。

数年が経過したとき、神奈川県警察では、殺人や交通事故事件、性犯罪といった犯罪による被害者や遺族への支援に専門的に携わる部門（被害者支援室）に、新たに心理カウンセラーを配置する、という動きがあった。偶然、求める人材に一致したのだろう、私が神奈川県警察の被害者支援部門で初の心理職として配置されたのが、２００３（平成15）年のことである。当時、心理職は私一人であった。

実は、この異動には、日本全体として犯罪被害者支援に取り組んでいこうとしていた問題意識がその背景にある。

わが国における犯罪被害者支援施策の歴史

かつてはわが国で、犯罪の被害に遭った人やその家族に対する支援は、何かに定められたことではなくても、それぞれの場所でそれぞれの人が担っていた。また、犯罪被害に遭っても何らの補償も得られない現状が、遺族によって国に働き掛けられるという出来事もあった。

変化が訪れたのには、１９７４（昭和49）年に発生した三菱重工ビル爆破テロ事件が一つのきっかけとなっている。この事件は、死者８名、負傷者３８０名を数える大きな事件であった。このとき、勤務中に

表１　主な犯罪被害者支援施策の経緯（警察庁［2021］より筆者作成）

年	主な出来事
1974（昭和 49）	三菱重工ビル爆破テロ事件　発生
1980（昭和 55）	犯罪被害者等給付金支給法　公布
1995（平成 7）	阪神淡路大震災・地下鉄サリン事件　発生
1996（平成 8）	警察庁に「犯罪被害者対策室」（現：犯罪被害者支援室）を設置
2004（平成 16）	犯罪被害者等基本法　公布
2005（平成 17）	犯罪被害者等基本計画　閣議決定
2011（平成 23）	第２次犯罪被害者等基本計画　閣議決定
2016（平成 28）	第３次犯罪被害者等基本計画　閣議決定
2021（令和 3）	第４次犯罪被害者等基本計画　閣議決定

被害に遭った従業員は労働災害と認められ、労災保険制度の対象となったが、たまたま現場を通りかかり被害に遭った通行人などは、何らの公的給付も受けられなかった。同じ事件に遭いながらも、被害者間に不均衡のあることや犯罪被害者への経済的支援の必要性が広く認識されるようになり、１９８０（昭和55）年には、犯罪被害者等に国からの給付金を支給する法律（「犯罪被害者等給付金支給法」）が制定された。しかし精神面への支援の充実は、さらなる時を必要とした。

犯罪による遺族自身が精神的支援の必要性を訴えたり、犯罪被害者等を対象とした実態調査が行われたりしたことに加え、１９９５（平成７）年には、阪神淡路大震災と地下鉄サリン事件が相次いで発生した。そして、トラウマ（trauma：心的外傷）やＰＴＳＤ（posttraumatic stress disorder：心的外傷後ストレス障害）といった概念が広く知られるようになり、犯罪被害者等の精神的被害に注目が集まるようになったのである。

このような流れの中で、犯罪被害者等に最初に対応することとなる警察において、本格的な犯罪被害者支援への取組が開始されたのが、その翌年の1996（平成8）年のことである。その取組の一つとして、犯罪被害者等に対するカウンセリングを行うことがあり、各都道府県警察に徐々に専門職員が配置されるようになった。私が神奈川県警察の被害者支援部門の被害者カウンセラーとなったのは、このような社会的背景があったからである。

犯罪被害者支援制度を立ち上げる――県における仕事

配置された被害者支援室では、すぐに臨床活動が始まったわけではなく、まずは未知の仕事である被害者カウンセラーの具体的な運用方法について繰り返しの話し合いがもたれた。話し合いから出るさまざまな問は、心理職としての仕事について振り返らせる。私は現場に足を運び、観察し、カウンセラーが可能な支援を探ることにした。そして最終的にカウンセラーの運用規定が完成し、実際に、殺人・交通事故事件・性犯罪などの被害者や遺族のカウンセリングに当たることとなる。

私の被害者支援室での勤務は、上司や同僚とともに心理専門職としての仕事をゼロから立ち上げていくことの意義を感じた経験であり、社会の中で心理職が仕事をしていくためには自分の仕事の根拠がどこにあって、ミッションは何であるのかを意識することは必須なのだということを痛感させられた。と同時に、数々の支援をとおして、犯罪被害者や遺族のトラウマ体験や外傷記憶に触れ、トラウマとは何か、トラウマケアとは何かを深く考えさせられる時間となった。

犯罪被害者支援施策を展開させる——国における仕事

数年が経過したところで、今度は、国の機関である警察庁に出向することとなった。長官官房という部署にある給与厚生課の犯罪被害者支援室というところである。全国警察の犯罪被害者支援部門の総括的な仕事を担っている部署であり、私は新設されるカウンセリング指導係に、初めての心理職として1人配置されたのだった。2012（平成24）年、私は国家公務員となり、それから5年の間、霞が関での勤務を経験することになった。

その少し前、2004（平成16）年には、わが国における犯罪被害者等施策の原点であり、初めて犯罪被害者の「権利」という言葉が法律に用いられた「犯罪被害者等基本法」が成立していた。この法律に基づき、現在まで概ね5年ごとに策定されているのが「犯罪被害者等基本計画」（以下、「基本計画」）で、基本計画には国などが行うべき施策が具体的に網羅されている。2011（平成23）年にスタートした第2次基本計画では、警察において犯罪被害者へのカウンセリングの充実を図ることが課題として位置づけられた。そこで、警察庁ではカウンセリング指導係を新設し、全国警察のカウンセリング業務に関わる相談や指導を始めることになったという経緯がある（上田、2016 c）。

ここでの仕事はさまざまであったが、その中の一つに、「カウンセリング費用の公費負担制度」を全国展開していくことがあった。これは、第2次基本計画に盛り込まれた施策に基づくもので、一定の条件の下で、犯罪被害者等が自ら選択した精神科医や臨床心理士等によるカウンセリング費用を公費で負担するという制度である。警察庁において法学、精神医学、心理学などを専門とする有識者による研究会を複数回にわたって開催し、会では犯罪被害者等に対する心理療法等の現状などについてさまざまな検討がなされた。そして、最終的にとりまとめられた研究会による報告書の提言内容を踏まえつつ、制度が作り上げられている（警察庁、２０１８及び 上田、２０１６b）。

国における仕事は、現場からかけ離れているように感じられるかもしれない。しかし、こういった施策のあることがより良い方向にいくのではないか、というような柔軟な発想があり、それが緻密に練り上げられていく。施策は国民の声を拾う形で作られ、国民生活に根差していると実感する印象的な仕事であった。他方で、施策は枠組みが必要とされるものであり、心理職による「カウンセリング」というものを位置づけることの難しさも感じられた。

もう一つ挙げるとすれば、二次的外傷性ストレス調査がある。二次的外傷性ストレス（secondary traumatic stress：ＳＴＳ）とは、専門的に言えば、「親しい間柄の者がトラウマとなる出来事を体験したことを知ることにより、自然に必然的に起こる行動や感情」（Figley,1999 小西・金田訳、２００３）のことを指す。つまり、トラウマを負った人を支援する側も、トラウマを受けた人と同じ恐怖心や無力感などを抱いたり、ＰＴＳＤ反応を示したりするということで、アメリカでは警察官のトラウマ研究は積極的に行われている。[*2] 警察は犯罪被害者等を真っ先に支援する組織であり、トラウマティックな現場にも行く第一応答者である。私自身がトラウマ臨床の現場にいた経験から、警察職員にもＳＴＳの現状はあり、実態を把握すること、その対策を立てることが必要だと考えていた。そこで、犯罪被害者支援活動を行った全国の警察職員を対象に調査を行うことにした。その結果、男性では2・8％、女性では9・0％が、ＰＴＳＤに該当するような反応を示していたことなどが明らかになった（上田・中島・金、２０１６）。

私が霞が関での勤務を経験して感じたことは、心理学とは何か、専門家として何ができるのかを、まずは自分の職場の人たちに理解してもらうことが大切ということである。理解してもらわなければ、取り組むに値するだけの施策だと認識してもらえず、社会の中の「仕事」として組み込まれない。もう一つは、仕事は与えられるのではなく、その必要性も面白味も自分で探し出すものだということである。国での仕事も、すべてが決められていたものではなかった。むしろ心理職として現場で働いてきた感覚に基づいた課題を施策に転換させることを求められていた面がある。

実際の臨床現場をイメージしつつ根拠をもって説明するということや、事象を客観的に眺め、そこから何が課題となっているのかを探し出して形にしていくという作業と面白味。これは、心理学の研究を進めることと似ていると言えるかもしれない。

第2節　トラウマとPTSD

トラウマ、ＰＴＳＤとは何か

私が犯罪被害者支援の仕事として取り組んできたテーマを、臨床実践及び研究の観点から専門的に言うと、トラウマ、ＰＴＳＤということになる。「トラウマ」とは心の傷あるいは心の傷となった出来事そ

＊2　カリフォルニア大学サンフランシスコ校（当時）の Marmar,C.R., MD らによるニューヨーク警察、サンフランシスコ警察の警察官を対象とした研究などがある。

のものを指し、「ＰＴＳＤ」とは１９８０年に登場した精神疾患の診断名である。

世界的にみれば、衝撃的な出来事によるストレス反応については古くから専門的報告がなされている。19世紀の鉄道事故の発生と関連する「鉄道脊椎」[*3]、第一次世界大戦あるいは第二次世界大戦において兵士にみられる症状を示した「シェルショック」、「戦争神経症」、ＰＴＳＤ概念の前身で診断カテゴリーとして提案された「外傷神経症」（Kardiner, 1941 中井・加藤訳、２００４）など、その時代と背景によって呼称と概念は変遷してきた（森、２００９ 及び 重村、２００６）。わが国において、トラウマやＰＴＳＤが広く知られるようになったのは１９９５年であったことを述べたが、既に、１９３７年に開戦した日中戦争から太平洋戦争終結までに、国府台陸軍病院に入院となった日本兵たちのカルテに、戦争神経症の記録が残されている。彼らは、自責の念に苛まれる、手足の痙攣や失立失歩などの症状を示していた（ＮＨＫＢＳ１、２０１８）。

これらの症状がＰＴＳＤという概念としてまとまり正式な精神疾患として登場するのは、１９８０年に米国精神医学会により発刊された精神疾患の診断・統計マニュアル第Ⅲ版（Diagnostic and statistical manual of mental disorders 3rd edition：ＤＳＭ—Ⅲ）においてであった。収載の背景には、ベトナム戦争における帰還兵の精神症状や補償問題を抱えたアメリカ社会がある。現在でも、トラウマやＰＴＳＤの捉え方は、実証研究が積み上げられてくるとともに変遷を続けている。

先に述べたように、トラウマとは心の傷のことであり、一般的には、「あんなことを言われてトラウマになった」など、さまざまな場面で使われているだろう。ただし、トラウマ研究の分野で用いるトラウマが生じる出来事とはもう少し狭義で、ＤＳＭに掲載されているＰＴＳＤの欄のトラウマ出来事の基準を参照している。その出来事とは、危うく死にそうになったような経験であり、具体的には、戦闘、性的暴力、虐待、災害、重大な自動車事故などが含まれる。しかし２０２２年に刊行されたばかりのＤＳＭの最新版（DSM-5-TR）を見ると、診断基準に変更はないものの、トラウマ出来事の解説に、これまでになかったいじめなども例示されるようになっている（APA, 2022）。すなわち、従来トラウマ出来事として捉えられてこなかったことも、研究の成果からＰＴＳＤ発症の実態があることが認められてきていると言えるだろう。

ＰＴＳＤとは、このトラウマ出来事を体験したのち、侵入症状、回避症状、認知と気分の陰性の変化、過覚醒症状という4つの中核症状が1か月以上継続した場合に診断されることになっている（図1）。トラウマ出来事を体験し、これだけの症状が1か月以上続くのだから、ＰＴＳＤというのは非常に苦痛な病であることがお分かりいただけると思う。

ではこのＰＴＳＤを患う人がどのくらいいるかというと、生涯有病率としては一般の住民２４５０人中の13人で、０・５％と報告されている（Ishikawa et al., 2018）。少なく感じられるかもしれないが、これは一般住民の中の割合であるからで、トラウマ出来事を経験した人の中では割合は全く異なってくる。アメリカのＰＴＳＤ生涯有病率の調査では高い順に、男性ではレイプ被害者の65・０％、戦闘体験者の38・8％、女性では幼少期の身体的虐待被害者の48・５％、レイプ被害者の45・９％であることが報告されている（Kessler, Sonnega, Bromet, Hughes, & Nelson,1995）。つまり性的な被害は影響がかなり大きいことが

＊3　鉄道事故に遭った人の症状を脊髄に目に見えない変化が起こった結果であると考えていた。その呼称。

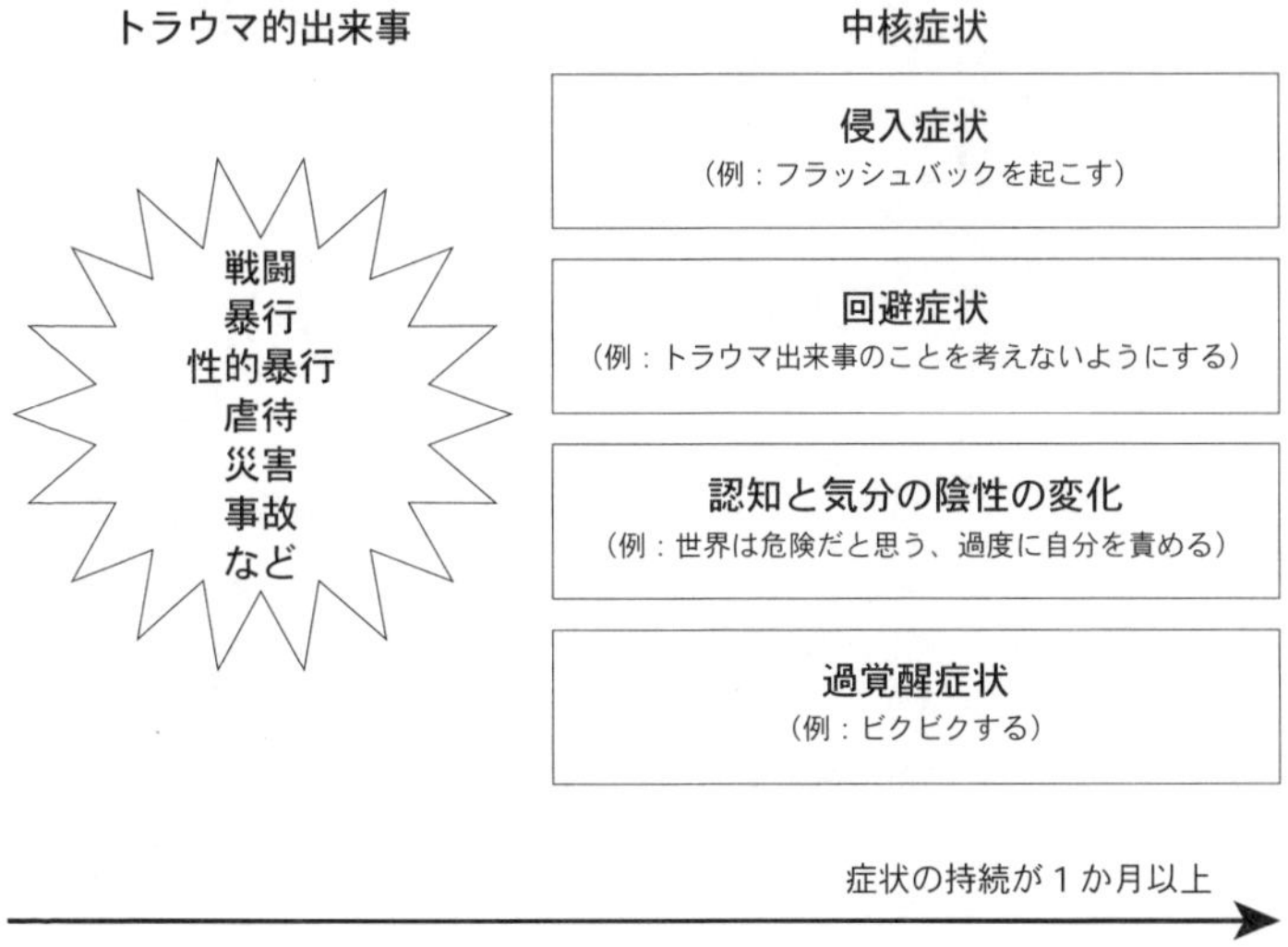

トラウマ的出来事

戦闘
暴行
性的暴行
虐待
災害
事故
など

中核症状

侵入症状
（例：フラッシュバックを起こす）

回避症状
（例：トラウマ出来事のことを考えないようにする）

認知と気分の陰性の変化
（例：世界は危険だと思う、過度に自分を責める）

過覚醒症状
（例：ビクビクする）

症状の持続が 1 か月以上

図 1　PTSD の概念図（APA［2013 高橋・大野監訳 2014］より筆者作成）

分かる。私自身も、全国の犯罪被害者や遺族を対象として、ＰＴＳＤが生じている可能性のある人の割合を調査した（上田、２０１６ａ）。その結果、被害から平均して2年5か月が経過した時点で、殺人遺族、交通事故事件遺族、性犯罪被害者、暴力被害者いずれも、５割前後が該当することが示された。トラウマ出来事に遭った人でもＰＴＳＤを示す人と、そうではない人がいるのはたしかであるが、トラウマ出来事に遭った人の半数が重篤な症状を示すのだから、個別性を超えて、トラウマが人に与えるインパクトの大きさと、支援の必要性が窺われると思う。

このように、トラウマが与える影響については、被害者がどれだけその影響を受けるのかといった観点からの研究がある。他方で、加害行為と過去の被害体験との関連に着目する言論もある。不適切な養育を受けた子供が思春期になり非行に走る、などの例を考えればわかりやすいだろう。私自身も、これまでは被害者のトラウマを研究対象としてきたが、犯罪を抑止するため、最近では、犯罪をする者の心理という、違った角度からの研究を始めている。その一つの結果として、一般の人の割合と比較して、窃盗や薬物乱用などによる女子受刑者は18歳以前に体験した家庭内でのトラウマ体験である逆境的体験の経験率が多いであろうことが推測された（野口・櫻井、２０２２）。児童期の過酷な体験が、長じてから犯罪行為に走らせる要因の一つになっていると考えられる。

トラウマとは人の人生を変えるほどの力を持っているもの、といえる。

【架空事例】

Aさんは20代の女性であった。ある日の帰宅途中に突然通り魔に襲われ、顔、腕、脚にケガを負った。犯人は走り、逃げ去ってしまっていた。

Aさんは、事件前後の記憶はあるが、襲われている最中の数秒間の記憶がない、と報告した。事件直後は恐怖心はなかったが、数日してから、記憶がないことで、その間、自分の知らぬことをされていたのではないかと強い恐怖心や不安感が襲ってきたとのことだった。外出すると犯人に似た背格好をした人、その眼つきを見るだけでも、過度にビクビクしてしまう。仕事をしていても、自分が思い出そうとしていないのに、事件のことが突然鮮明によみがえり、つらい、という。

最もつらくAさんを悩ませていたのは、繰り返し自分を責めてしまうことだった。事件のときに、あの道を通らなければ良かったと思い、その考えはこれまでのネガティブな思い出にも繋がっていた。思い返せば、いつも自分は運が悪かった。自分は置いていかれないよう、みんなの後を必死に付いていくタイプであったし、自信がなく、何かを選び取ることが苦手でまわりに合わせてきた、と涙を浮かべた。

ここに挙げたのは、トラウマ出来事に遭った人の例を示すための架空事例である。こういった過酷な体験をした人々には、どのようなケアが必要となるのだろうか。

震災や犯罪被害などのトラウマという体験は、圧倒的な出来事である。通常の体験の場合、時間とともに遠い記憶となり、ほろ苦さ、懐かしさを覚える思い出となるであろう。しかしトラウマ体験というのは、あまりにも強烈な体験であるがゆえに、その人の記憶や気持ちはうまく変容しない。専門的に言えば、ＰＴＳＤ症状に見られるように、フラッシュバックに代表される侵入症状がある一方で、その出来事を思い出すことを避ける回避症状があり、強く甦るか、思い出さないかの両極端に振れてしまうのだと言える。平たく言えば、気持ちの整理がつかない、とも表されるだろう。トラウマ体験にまつわる記憶（外傷記憶）は、生々しいままか、避けられたままとなり、トラウマを負った本人は、圧倒的な出来事を受け入れることが難しい。

こういった場合の今日の主流な治療法は、トラウマに焦点を当てた認知行動療法である。例えば、持続エクスポージャー療法（Prolonged Exposure Therapy：ＰＥ）などは有名なので、ご存じの方がいるかもしれない。回復の妨げとなっているのは今でも怖いと感じている恐怖記憶であるから、回避されているその記憶にアクセスし、今は安全であることを確認することで、恐怖記憶の構造を修正して通常の記憶に戻す、という療法である。すなわちＰＥではそのままになっている恐怖記憶を変容させるために、現実状況や想像上で曝露させるわけである。

こういった治療法の詳細については優れた成書に譲るとして、私自身はトラウマの何が辛いのかという当たり前であるかのように思えることに考えを巡らせたい。私はこれまで加害の問題も被害の問題も、臨床実践の中で支援してきたが、加害行為というのは、何らかの意味や意図があってなされることが多い。今となっては少ないかもしれないが、社会に対する反抗であったり、親や教師の関心を惹きたいということもあるだろう。他方で、被害を受けること自体には意味がない。人は意味がないことを理解したり、心の中に置いておいたりすることはとても難しい。そこに、トラウマを負った人の辛さがある。

ふと思い出されるのが、西加奈子氏の直木賞受賞作『サラバ！』という小説である。[*4]この小説は、西氏自身の体験をもとに、イランで生まれ、大阪、エジプト、東京で過ごしてきた主人公「歩」のこれまでの37年間の人生が描かれている作品である。歩は個性的な家族に囲まれている。穏やかな父、自己主張がはっきりしておりまっすぐな母、傍若無人で不可解な行動をとる姉、そしていつも受け身の「僕」の歩。そんな家族は、歩がまだ小学生でエジプトで暮らしていたときに、両親の離婚によって崩壊する。その予兆の、不穏な空気が流れていたころに歩が知り合うのが、同い年のエジプシャンであるヤコブである。つまりヤコブは、歩がもっとも辛い時期に現れた存在である。互いの言語は分からなくても、2人は理解し合っていた。そして2人にしかわからない、2人を繋ぎ合わせるもの、それが「サラバ」という言葉である。

30年を超える時の中で、歩はさまざまな体験をする。阪神淡路大震災、地下鉄サリン事件、いくつかの喪失。

そして歩はかつて過ごしたエジプトに行く。自分の心の光であり続けたヤコブに会いに戻る。ところが、期待と反して2人の関係性は変わってしまっていた。ヤコブとは英語を介さないと通じなくなっていた。

僕が手放したものは、どこへ行ったのだろう。

輝かしい僕の年月は、どこへ行ったのだろう。


（西加奈子『サラバ！（下）』２６６頁より）

歩は泣き出している。なぜ泣いているのかを歩も分からなかった。そのとき、

「サラバ。」

ヤコブが言った。

（中略）

「サラバ。」

そこには、僕たちのすべてがあった。僕が手放したもの、ヤコブが手放したもの、僕たちの思い、すべてが。

（中略）

僕には、サラバがあった。

サラバがあった。ずっと、あった。


（西加奈子『サラバ！（下）』２６６―２６９頁より）

＊4　小説「サラバ！」に係る記述については、西加奈子氏本人から執筆の許可を得ている。

歩は、それまで自分とヤコブは一体だと感じていた。しかし、ヤコブはヤコブ、自分は自分なのだと実感した。その果てに見出したもの、それが「サラバ」であった。サラバは、ヤコブであってヤコブではないだろう。それ自体実体のないものであり、自分の中のなにものかである。そして、それを確認するまでには、30年という時を要した。

トラウマを負ったクライエントは、自分の経験した出来事があまりにも圧倒的で、多くの場合、自分の感情を認めることが難しい。その痛みは、カウンセラーに投げ込まれ、カウンセラーが、悲しみを感じたり、痛みを感じたりする。カウンセラーはクライエントの苦痛を幾分かは担い、クライエントとともに時間を過ごす。クライエントは、出来事によって失われた人への信頼感を、カウンセラーとのやりとりによって改めて取り戻すこともあるだろう。しかし、カウンセラーとクライエントとは永遠に一緒にいることはできない。いずれは別れのときが来る。別れは必然で、必要である。別れがあることで、クライエントは、何とか受け取れるようになった自分の気持ちを背負って生きていく。

トラウマ出来事には意味はない。それに限らず世の中には、意味のないこと、答えの出ないことはたくさんある。だから、トラウマをケアするとは、できた傷を癒すとか、あったものをなくす、ということとは違う。むしろ、トラウマを負った人に必要なのは、ないものに耐えていくという力であり、その体験がいずれその人の人生に組み込まれていくことではないかと思う。

「サラバ」とは何であったのか。「サラバ」とは、幾多の経験の中で自分を支え続けるものである。それは、繋がりをとおして得られた意味のないものにも耐える力なのではないか。

これが、トラウマのケアとは何かという、トラウマ臨床に携わりはじめた頃の私自身の問への、一つの答えでもある。警察庁に勤務していたときに「この本、いいよ」と薦めてくれた元同僚の警察官は、そんなことを言ったことは忘れて、今ごろ第一線の現場で忙しくしているのだろうけれど。

【引用文献】

American Psychiatric Association (2013). *Diagnostic and statistical manual of mental disorders* (5th ed.). Washington,DC: American Psychiatric Association.（日本精神神経学会［日本語版用語監修］高橋三郎・大野裕［監訳］（２０１４）『ＤＳＭ―５ 精神疾患の診断・統計マニュアル』医学書院）

American Psychiatric Association (2022). *Diagnostic and statistical manual of mental disorders* (5th edition, text revision). Washington,DC: American Psychiatric Association.

Figley,C.R. (1999). Compassion fatigue : Toward a new understanding of the costs of caring. In B.H.Stamm (Ed.), *Secondary traumatic stress : Self-care issues for clinicians, researchers and educators* (2nd ed.). Lutherville, MD: Sidran Press.（Ｃ・Ｒ・フィグリー「共感疲労――ケアの代償についての新しい理解に向けて――」Ｂ・Ｈ・スタム［編］、小西聖子・金田ユリ子［訳］（２００３）『二次的外傷性ストレス――臨床家、研究者、教育者のためのセルフケアの問題――』誠信書房、３―２８頁）

Ishikawa H., Tachimori H., Takeshima T., Umeda,M., Miyamoto,K., Shimoda,H., Baba,T., & Kawakami,N. (2018). Prevalence, treatment, and the correlates of common mental disorders in the mid 2010's in Japan: The results of the world mental health Japan 2nd survey. *Journal of Affective Disorders, 241*, 554-562.

Kardiner, A. (1941). War stress and neurotic illness.（A・カーディナー、中井久夫・加藤寛［共訳］（２００４）『戦争ストレスと神経症』みすず書房）

Kessler,R.C., Sonnega,A., Bromet,E., Hughes,M., & Nelson,C.B. (1995). Posttraumatic stress disorder in the national comorbidity survey. *The Archives of General Psychiatry, 52*, 1048-1060.

法務省（２０２１）「令和３年版 犯罪白書」

警察庁（２０１８）「平成30年版 犯罪被害者白書」

警察庁（２０２１）「令和３年度版 警察による犯罪被害者支援」

森茂起（２００９）「ＤＳＭ―Ⅲまでのトラウマ概念――「神経症」の時代――」（トラウマティック・ストレス・7、１０９―１１９頁）

ＮＨＫＢＳ１（２０１８）「隠された日本兵のトラウマ――陸軍病院８００２人の〝病床日誌〟――（11月25日放送）

西加奈子（２０１７）『サラバ！（上・中・下）』（小学館文庫）

野口千里・櫻井鼓（２０２２）『女子受刑者の犯罪行動と関連要因についての検討――逆境体験・アタッチメント・抑うつ耐性に着目して――』（日本犯罪心理学会・第60回大会、Ｐ１―10）

重村淳（２００６）「戦争神経症」（トラウマティック・ストレス・４、１５４頁）

上田鼓（２０１６ａ）「犯罪被害者のトラウマ」（最新精神医学・21、２６７―２７３頁）

上田鼓（２０１６ｂ）「犯罪被害者等のカウンセリング費用の公費負担制度について」（https://www.jstss.org/docs/2016112500238/）

上田鼓（２０１６ｃ）「警察における臨床実践」（小西聖子・上田鼓［編］『性暴力被害者への支援――臨床実践の現場から―』誠信書房、２５―６５頁）

上田鼓・中島聡美・金吉晴（２０１６）「犯罪被害者支援活動における警察職員の二次的外傷性ストレスと関連要因」（トラウマティック・ストレス・14、１４１—１５０頁）

第5章

心が苦しいときに、自分を思いやること

――セルフコンパッションに関する心理学

宮川 裕基

はじめに

これまでの人生を振り返った際に、つらかった出来事はどのようなものだろうか。その出来事を1つ心の中に思い浮かべてみよう。例えば、小中学校で友だちとケンカしたこと、第一志望の高校や大学に進学できなかったこと、部活動やサークル活動で思い通りの結果が出せなかったこと、就職活動がうまくいかなかったこと、職場の上司や部下とうまくコミュニケーションがとれないこと、恋愛関係や家族関係での悩み。具体的に何に、どのくらい悩んだかについては人それぞれ違うかもしれないが、誰もが例にあげた出来事のいくつかでつらい気持ちを感じたことがあるのではないだろうか。また、私たちは自分らしさや自分の中の嫌な一面について悩んだことがあるだろう。このように、私たちは、つらい出来事をすべて避けることはできないため、その出来事にうまく対応していくことが必要となる。それでは、あなたは今ど

のように心の中に思い浮かべた出来事やその際に生じている気持ちや思いに向き合っているだろうか。この章では、セルフコンパッション（self-compassion［以下、ＳＣとする］）という自分との向き合い方について概説する。

セルフコンパッション（ＳＣ）とは

Self-compassion を日本語に訳すと「自分への思いやり」となる。自分自身に対して思いやりを向けるということに違和感を覚える方もいるかもしれない。それは思いやりとは他者に対して向けられる、あるいは、他者から受け取るものだと思えるからだろう。しかしながら、思いやりには、他者から受け取るもの、他者に与えるもの、そして自分自身に与えるものという3種類がある（Gilbert, 2010）。私たちは、他者を思いやることと同時に、自分自身を思いやることができる。では、自分を思いやるとは具体的にどのような状態を表すのだろうか。

Neff（2003）によると、ＳＣとは自分が感じている苦しみに心を開いて、その苦しみを取り除こうとすることとされる。ＳＣには、（1）自分の苦しみへの注意の向け方、（2）自分の苦しみに関する理解の仕方、（3）自分の気持ちの調整の仕方が含まれる（Neff, 2016）。そして、ＳＣの高い人、つまり、自分に対して思いやりを向けている人は、この3つの領域で、マインドフルネス、共通の人間性、自分への優しさという思いやりのある自己反応（compassionate self-responding）を取りやすく、過度の一致、孤立、自己批判という思いやりのない自己反応（uncompassionate self-responding）を取りにくい人だとされる（Neff,

2022)。つまり、SCの高い人の（1）注意の向け方とは、苦しい気持ちに「苦しすぎる」や「全く問題ない」と過剰な反応を示すのではなく（過度の一致の低さ）、「今、苦しい」と自分の苦しみをあるがまま認めて、それを受容しようとする（マインドフルネスの高さ）ものである。また、このような人の（2）苦しみの理解の仕方とは、「自分だけが苦しんでいる」と孤独感を抱かないで（孤立の低さ）、「誰にでも苦しいことがある」と自分と他者の経験のつながりや「欠点のない完璧な人はいない」という人間らしさを理解すること（共通の人間性の高さ）である。そして、このような人は、（3）「自分はダメ人間だ」と自己否定をしないで（自己批判の低さ）、「今、できることをしているよ、少しリラックスしてみよう」と自分自身を心優しく支えようとする（自分への優しさの高さ）。

私たち個人がどの程度SCを示せるかは、この3領域における思いやりのない自己反応と思いやりのある自己反応の程度によって決まる（Neff, 2022）。また、SCには、個人の中である程度安定している側面（特性SC）と一時的に変化する側面（状態SC）がある（Neff, 2003; Neff et al., 2021）。つまり、普段、SCの低い人でも、特定の状況であればSCを示すことができたり、トレーニングによってSCを高めたりすることができる（Ferrari et al., 2019; Miyagawa et al., 2022; Neff et al., 2021）。

さて、SCを測定する方法として、Self-Compassion Scale（Neff, 2003［以下、SCSとする］）というアンケートがある。SCSは、マインドフルネス、共通の人間性、自分への優しさ、過度の一致、孤立、自己批判の6つの視点から個人の特徴を描き出すとともに、この6つをあわせた全般的なSCの水準を算出することができる。SCSは日本を含め、世界各国で使われており、SC研究の土台となっている。しかしながら、近年、SCSを用いて全般的なSCとその6領域を測定することへの批判がある（Muris &

Otgaar, 2022; Muris et al., 2016, 2019)。MurisらはＳＣには自己批判・孤立・過度の一致の低さを含むべきではないと論じ、これらは自己への冷たさ（self-coldness）という別のものとして扱うべきだと主張した（2因子説）。この2因子説に基づけば、マインドフルネス、共通の人間性、自分への優しさのみがＳＣであるとされ、個人におけるＳＣの水準は自己への冷たさの水準と独立しているとされる。つまり、ＳＣを示しながら、同時に自己に冷たく接している人もいると考えられている（Muris & Otgaar, 2022; Muris et al., 2016, 2019)。また、欧米圏に比べて、特に日本を含むアジア圏で、このようなＳＣと自己への冷たさという相反する態度を同時に取ることができる人がいる可能性が示唆されている（Chio et al., 2021)。このような2因子説に対して、Neffらは、世界20か国のデータを用いて、ＳＣＳがＳＣ全般とその6領域を測定することができるという統計学的な証拠を報告している（Neff et al., 2019)。また、状態ＳＣを測定する尺度（ＳＳＣＳ）においても、米国（Neff et al., 2021）および日本（Miyagawa et al., 2022）において、2因子説ではなく、ＳＣ全般とその6領域が測定可能であることが示されている。さらに、宮川・Neff（2022）では、日米で得られたＳＳＣＳに関するデータを用いて、ＳＣと自己への冷たさという相反する態度の得点が同時に高い人たちを示すグループがあるのかを実際に検証した。その結果、日米において、このようなグループは確認されず、状態ＳＣの度合いは、（1）思いやりのある自己反応（自分への優しさ、共通の人間性、マインドフルネス）が低く、思いやりのない自己反応（自己批判、孤立、過度の一致）が高い人、（2）思いやりのある自己反応と思いやりのない自己反応が平均的な人、（3）思いやりのある自己反応が高く、思いやりのない自己反応が低い人の3グループに分けられることが示された。このグループ分けはそれぞれＳＣの低い人、中程度の人、高い人に対応しており、Neff（2003）によるＳＣの定義を支持するものであった。ＳＣＳやＳＳＣＳを用いてＳＣをどう捉えるかに関する議論はまだ続いているため（Muris & Otgaar, 2022; Neff, 2022）、現時点で明確な結論は示せないが、本章では、これまでの筆者の研究知見（Miyagawa et al., 2022; 宮川・Neff, 2022）を踏まえて、２因子説ではなく、Neff（2003, 2011, 2016）による視点でＳＣを捉える。

ＳＣに対して抱くイメージ

さて、あなたは、ＳＣの説明を読んで、どのような思いが生じたのだろうか。「ＳＣの高い人は、自分に甘いだけではないのか」、「自分に優しくしても、人は成長できない」、「自分に思いやりの気持ちを向けるのはなんだか怖い」といった、ＳＣに対する批判的な思いを抱かれた方もいるかもしれない。このような思いを抱くことは、一般的であるとされる（Chwyl et al., 2021; Gilbert et al., 2011）。例えば、ＳＣを示すことに対する不安や恐怖といった気持ちは、うつ病等の精神疾患を持つ人やそのような疾患のない人の両方でみられ、このような恐れがＳＣを育むことを妨げることが示されている（Asano et al., 2017; Gilbert et al., 2011）。また、Chwyl et al.（2021）は、人々がＳＣに抱くネガティブな考え方は、（１）ＳＣは自分に甘い状態である、（２）ＳＣを示すと責任感がなくなる、（３）ＳＣは自己改善を阻害するという３つに分類されると考え、これらを「ＳＣに関するネガティブ信念」と名づけた。このようなネガティブ信念を抱いている人ほど、困難な状況においてＳＣを実際に示しにくいことが報告されている（Chwyl et al., 2021）。それでは、ＳＣの高い人は、実際に（１）から（３）のような特徴があるのだろうか。

実は、ＳＣの高い人は、自分に甘い人ではなく、むしろ、自分の行動に責任を持ち、成長を目指していくことが研究で示されている。例えば、筆者の研究では、ＳＣの高さを測る測定尺度を応用し、その尺度が「自分に甘い人にどの程度あてはまるか」を尋ねた（宮川他、２０１９）。その結果、ＳＣに含まれる「自分への優しさ」は、自分に甘い人にもあてはまるものの、「マインドフルネス」は自分に甘い人にあてはまらないことが統計的にも支持された。つまり、測定尺度の観点からは、ＳＣと自分に甘いことは、自分に優しいという点で共通点があるものの、マインドフルネスの観点で異なることが示された。さらに、この研究では、研究参加者に「自分に甘い人」の特徴の記述を求め、得られた記述を分類した。もし自分に甘い人とＳＣの高い人が似ているならば、ＳＣの要素が自分に甘い人の記述にもみられるだろう。分類の結果、自分に甘い人の特徴は、「努力への回避的志向」、「責任の棚上げ」、「社会的自立の不十分さ」、「自分にとって都合の良い他者との付き合い方」といったものだった。注目すべき点は、自分に甘い人に関する記述の分類にＳＣの要素は含まれていなかったという点である。以上の結果から、ＳＣを示すことは自分に甘い状態ではないといえる。

「自分に優しく、思いやりを向けることは自分の成長に役立たない」と思う方もいるだろう。この背景には「自分を批判することが自分の成長には役立つ」といった考え方があるからかもしれない（Gilbert, 2010）。たしかに、仕事におけるケアレスミスなど自分の至らなかった行動を批判的に見て改善していくことは必要だろう。しかしながら、私たちは、失敗した際に、自分の行動のみでなく、「自分はダメ人間だ」や「本当に自分はなさけない」と自分らしさまで否定してしまうことがある。このような自分にネガティブな批評を下す自己批判は、うつ状態を含む様々な精神疾患で共通してみられる特徴とされる（Blatt,

1995)。さらに、大学生を対象とした1週間の追跡調査においても、自己批判をしている人ほど、他者から支えられているという感覚やポジティブな気持ちが低下し、逆にネガティブな気持ちが高まることが報告されている（Zuroff et al., 2016)。つまり、精神疾患の有無にかかわらず、自分を批判して成長を目指すことには、心に過剰な負担をかけるという副作用が強いのである。

では、SCは個人の成長を促すのだろうか。Neff（2011）やBreines & Chen（2012）によれば、SCの高い人は、自分のことを大事にしている（ケアしている）からこそ、自己成長が必要ならば、その成長に向かって行動を起こすことができるとされる。例えば、普段からSCの高い人や、実験操作により一時的にSCが高まった人は、後悔した出来事から成長しようと動機づけられること（Zhang & Chen, 2016)、また、実験操作によってSCが高まると、人は自分の欠点は改善可能だと思え、それを改善していこうと動機づけられること（Breines & Chen, 2012）が明らかになっている。さらに、失恋後に、特に失恋の原因の責任を感じている人では、SCが失恋を次の恋愛に活そうとする動機づけを高めることも報告されている（Zhang & Chen, 2017)。以上の結果からも、SCが、自己批判よりもより安全に、個人の成長につながると考えられる。

まとめると、SCに対するネガティブなイメージは、SCの高い人の実際の特徴を反映したものではない。SCは、自分が感じる苦しみにしっかりと向き合い、それを緩和していこうとすることを表す（Neff, 2003)。もしその苦しみが自分の行った行為や自分の欠点から生じているものであれば、SCの高い人ほど苦しみのもとになっている事柄に積極的に働きかけ（Ewart et al., 2021)、必要に応じて自分自身を変えていこうと成長を目指すのである。

SCと心身の健康状態、困難な出来事への対処

SCと心身の健康状態との関連は、Neff（2003）以降、数多くの研究で検討されてきた。近年は、個々の研究で得られたデータを統合的にまとめ上げるメタ分析という手法を用いて、SCと心身の健康状態との関連に関する安定した知見を提供する試みが盛んである。メタ分析に基づけば、SCの高い人ほど、抑うつ・不安・不眠といった精神的不調を示しにくいこと（Brown et al., 2021; McBeth & Gumley, 2012）、人生の満足感やポジティブ感情の高さなどの幸福感が高いこと（Zessin et al., 2015）、身体面の健康状態が良好であり、健康を促進する行動を取りやすいこと（Phillips & Hine, 2021）が明らかとなっている。以上の結果からも、SCの高い人ほど全般的に心身の健康状態が良いといえる。さらに、個々の研究では、被虐待経験（Tanaka et al., 2011）、暴力被害（Valdez & Lilly, 2016）、自然災害（Zeller et al., 2015）、慢性疾患（Sirois et al., 2015）などの心身の健康状態を揺るがす状況にある人においても、SCの高い人ほど、健康状態が良いことが報告されている。

SCの高い人がなぜ心身の健康状態にあるのかという点は、困難な出来事への対処方略（コーピング）により説明できる。SCとコーピングの関連性に関するメタ分析から、SCの高い人ほど目の前の問題に向き合い、積極的に対応していこうとすることや、つらい出来事であっても肯定的な視点から捉え直そうとすることなどが明らかとなっている（Ewart et al., 2021）。SCの高い人の適切な対処方略の選択が、結果として、心身の健康の維持や増進に繋がっていると考えられる。

筆者の研究例として、学生の就職活動の不採用時におけるSCの役割について概説する（宮川・谷口、

２０１８）。コロナ禍においてオンライン面接が用いられるようになるなど、学生の就職活動のあり方は近年変化している。しかしながら、コロナ以前から就職活動において不採用を経験することはよくあることであり、不採用経験は学生の心に負担をかける。このため、就職活動は不採用経験を乗り越え、その経験を活かして内定を得ていく過程だとされる（輕部他、２０１５）。筆者の研究では、学生のＳＣと就職活動への前向きな動機づけの度合いを測定したあとに、研究１では不採用場面に関するシナリオを提示した。研究２では学生が実際に経験した不採用場面を想起するよう求めた。その後、その場面をどの程度脅威に感じるか（あるいは感じたか）ということとその不採用経験を今後の就職活動に活かそうとするか（あるいは活かしたか）ということを尋ねた。シナリオ場面や実体験にかかわらず、ＳＣの高い人ほど、不採用経験を過剰に脅威だと思わないことが示された。また、就職活動に前向きである人では、ＳＣの高い人ほど不採用経験を今後の就職活動に活かすことが示された。ＳＣの高い人ほど、不採用を経験しても、自己否定せずに、苦しみにあるがまま向き合い（マインドフルネス）、「就職活動で不採用を経験するのは自分だけではない。不採用は一般的なことだ」と捉え（共通の人間性）、「今できることをしていこう」と自分の心を支える（自分への優しさ）と推測される。想定場面と実際の場面で共通した結果であるため、比較的安定した知見だが、今後はキャリア教育等でＳＣを高めることで、実際に不採用経験を乗り越えて内定を獲得していくのかを検証していくことが求められる。

人間関係におけるＳＣの役割

近年では、人間関係におけるＳＣに着目した研究が増えている（Lathren et al., 2021）。ＳＣの高い人ほど、他者と良好な関係を築いており（Niiya et al., 2013; Zhang et al., 2019）、恋愛関係においてパートナーもＳＣの高い人との関係性に満足している（Neff & Beretvas, 2013）ことが報告されている。しかしながら、ＳＣの水準にかかわらず、私たちの人間関係はつねに順風満帆とはいかず、時に他者と対立してしまう。特に、他者から無視をされたり、仲間外れにされたりすることは、日常生活では比較的一般的であり（Nezlek et al., 2012）、このような排斥経験は私たちの心身の健康に悪影響を及ぼすとともに、私たちの心の中にある攻撃性も喚起させることがある（Ren et al., 2018）。ＳＣはこのような他者から傷つけられた経験に対処する上でも役立つのだろうか。筆者は一連の研究で、この問いについて検討した。

筆者の研究では、他者から無視された経験を想起した後、もともとＳＣの高い人ほど、その経験をくよくよと考えないため、傷つけてきた他者への復讐やその他者を過剰に避けることをしない傾向にあることが示された（Miyagawa & Taniguchi, 2022a）。また、他者から無視された経験に対してＳＣを示せる人ほど（状態ＳＣ）、復讐する気持ちが弱く（Miyagawa et al., 2021）、傷つけてきた他者に見立てた人形に刺す針の数が少ないことが示された（Miyagawa & Taniguchi, 2022b）。このようにＳＣを活用できる人ほど、傷つけてきた他者への攻撃性が低く、更なる関係の悪化を防ぎやすいと考えられる。

さらに、筆者の研究では、対人関係でストレスがかかった際に、どのような人がＳＣを活用しやすいのかについても明らかになった。具体的には、他者との関係性において、純粋に他者のことを思いやることを心がけている人（思いやり目標；Niiya & Crocker, 2019）ほど、SCを使いやすいことが示された（Miyagawa et al., 2021; Miyagawa & Taniguchi, 2022b）。一方、他者との人間関係において、優しい自分や有能な自分をアピールし、自分の弱さを隠そうと心がけている人（自己イメージ目標；Niiya & Crocker, 2019）ほど、SCを使いにくいことが示唆された（Miyagawa et al., 2021; Miyagawa & Taniguchi, 2022b）。思いやり目標の高い人は、自分と他者の幸福度はつながっていると考える傾向にある（Niiya & Crocker, 2019）。一方が幸せであれば、もう一方も幸せであるという考え方である。思いやり目標の高い人は、自分をケアできることが結果として相手のためにもなると考えるため、SCを使い、攻撃的な思いをうまくコントロールすると思われる（Miyagawa & Taniguchi, 2022b）。一方、自己イメージ目標の高い人は、自分か他者のいずれかしか幸せになれないという考え方をする傾向にある（Niiya & Crocker, 2019）。このような思いは、共通の人間性を意識することを含むSCを使いにくくしていると推測される。以上、筆者の研究から、他者との関係性における心がけ次第で、自分自身への向き合い方としてのSCの使いやすさが変わり、その結果、他者への関わり方が影響されるということが見えてきた。

SCを高める方法とその効果

SCが個人の健康に強く関連するということをうけて、SCを高めるトレーニング法の開発が進んだ。数週間に及ぶトレーニング（Gilbert, 2010; Neff & Germer, 2013）や1回限りの実験方法（Neff et al., 2021）もあるが、これまでの研究知見をとりまとめたメタ分析の研究では、このようなトレーニングがS

Ｃや精神的健康を高めるうえで有効であることが示されている（Ferrari et al., 2019; Kerby et al., 2017）。

ここでは、近年米国で開発されたＳＣ状態誘導法（Self-compassionate mindstate induction; Neff et al., 2021［以下、ＳＣＭＩとする］）と筆者による日本での結果を紹介する。ＳＣＭＩは、特定の状況における状態ＳＣを高めるための実験手法で、ＳＣの視点からその状況や自分の心の中を捉えなおす筆記課題を行う。ＳＣＭＩの目的は、特定のつらい状況に対して、ＳＣの3領域（自分の苦しみへの注意の向け方、自分の苦しみに関する理解の仕方、自分の気持ちの調整）のそれぞれにおいて、思いやりのある自己反応を増やし、思いやりのない自己反応を減らすことである。このため、ＳＣＭＩを受ける人は、それぞれ想起した状況に対して、（1）心に浮かぶ気持ちや思いを書き出し、それらをありのまま認め、受容しようとし、（2）自らの経験と他者の経験の共通点を筆記し、人間らしさという点での自分と他者のつながりを意識し、（3）自分の心がおちつくような心優しい文章を筆記することを求められる。

日米問わず、ＳＣＭＩを受けた人では、受ける前に比べて、状態ＳＣが高まった（Miyagawa et al., 2022; Neff et al., 2021）。一方、普段のＳＣの度合いには、ＳＣＭＩの効果は認められなかった（Miyagawa et al., 2022）。これは、ＳＣＭＩが1度限りのトレーニングで、特定の状況に特化したものであるからだと考えられる。特定の状況に限らず、個人の全般的なＳＣの水準を高めるためには、継続的なトレーニングが必要だといえる。ＳＣＭＩは近年開発されたトレーニングであるため更なる効果検証が求められるが、心の健康を支える上で有効であると思われる。筆者の研究では、ＳＣＭＩを受けた人は、気持ちが安定し、傷つけてきた他者に対する復讐心が低下するという結果が得られている（宮川，２０２２）。このようにＳＣＭＩを受けることで、私たちは特定のつらい状況における気持ちや思いを整理できる可能性がある。

ＳＣ研究の今後の展望

この章では、ＳＣという自分との向き合い方について説明してきた。つらい状況にあっても、ＳＣを活用できる人ほど、心の健康を維持しており、その状況を改善しようと働きかけ、また、他者に対する攻撃的な反応を控える。このような特徴を持つＳＣの高い人は自分に甘い人ではない。また、ＳＣはトレーニングによって高めることもできる可能性を秘めている。

今後の研究として、ＳＣの高い人に関わる周りの他者の視点を研究に組み込んでいく必要がある。少数の研究を除き、多くの研究ではＳＣの高い個人が、自分自身や他者のことをどう感じているかという個人の思いを検討したものであった。このため、ＳＣの高い人に関わる周りの他者が、実際にどのような思いを感じているのかという点は十分に検討されていない。例えば、ＳＣの高い人ほど他者に復讐する気持ちが低いという結果があるが（Miyagawa & Taniguchi, 2022a）、その他者は実際にＳＣの高い人を攻撃的でないと捉えているのかについては明らかではない。また、ある個人に対するＳＣトレーニングが、その個人をとりまく人間関係にどのように影響するのか、トレーニング効果が周りに波及していくのかについても今後検討する必要がある。このように、今後、ダイナミックに動いていく人間関係の中で、ＳＣがどのように機能していくのかを検討していくことで、より現実場面に根付いた知見が得られるだろう。

以上のような課題はあるものの、ＳＣは個人の心身の健康を支える上で重要ということが繰り返し報告されている。今後の人生で、つらいことが起こった際には、自分自身に思いやりを向けることを意識してみよう。

【引用文献】

Asano, K., Tsuchiya, M., Ishimura, I., Lin, S., Matsumoto, Y., Miyata, H., Kotera, Y., Shimizu, E., & Gilbert, P. (2017). The development of fears of compassion scale Japanese version. *PLoS ONE, 12*(10): e0185574.

Blatt, S. J. (1995). The destructiveness of perfectionism: Implications for the treatment of depression. *American Psychologist, 50*, 1003–1020.

Breines, J. G., & Chen, S. (2012). Self-compassion increases self-improvement motivation. *Personality and Social Psychology Bulletin, 38*(9), 1133–1143.

Brown, L., Houston, E. E., Amonoo, H. L., & Bryant, C. (2021). Is self-compassion associated with sleep quality? A meta-analysis. *Mindfulness, 12*, 82–91.

Chio, F. H. N., Mak, W. W. S., & Yu, B. C. L. (2021). Meta-analytic review on the differential effects of self-compassion components on well-being and psychological distress: The moderating role of dialecticism on self-compassion. *Clinical Psychology Review, 85*, 101986.

Chwyl, C., Chen, P., & Zaki, J. (2021). Beliefs about self-compassion: Implications for coping and self-improvement. *Personality and Social Psychology Bulletin. 47*(9), 1327–1342.

Ewert, C., Vater. A., & Schröder-Abé, M. (2021). Self-compassion and coping: A meta-analysis. *Mindfulness, 12*(5), 1063–1077.

Ferrari, M., Hunt, C., Harrysunker, A., Abbott, M. J., Beath, A. P., & Einstein, D. A. (2019). Self-compassion interventions and psychosocial outcomes: A meta-analysis of RCTs. *Mindfulness, 10*(8), 1455–1473.

Gilbert, P. (2010). *Compassion focused therapy: Distinctive features*. Routledge.

Gilbert, P., McEwan, K., Matos, M., & Rivis, A. (2011). Fears of compassion: Development of three self-report measures. *Psychology and Psychotherapy: Theory, Research and Practice, 84*, 239–255.

Kirby, J. N., Tellegen, C. L., & Steindl, S. R. (2017). A meta-analysis of compassion-based interventions: Current state of knowledge and future directions. *Behavior Therapy, 48*, 778–792.

Lathren, C. R., Rao, S. S., Park, J., & Bluth, K. (2021). Self-compassion and current close interpersonal relationships: A scoping literature review. *Mindfulness, 12*(5), 1078–1093.

Phillips, W. J., & Donald W. Hine, D. W. (2019). Self-compassion, physical health, and health behaviour: A meta-analysis. *Health Psychology Review, 15*(1), 113–139.

MacBeth, A., & Gumley, A. (2012). Exploring compassion: A meta-analysis of the association between self-compassion and psychopathology. *Clinical Psychology Review, 32*(6), 545–552.

Miyagawa, Y., Niiya, Y., & Taniguchi, J. (2021). Compassionate goals and responses to social rejection: A mediating role of self-compassion. *Current Psychology*. https://doi.org/10.1007/s12144-021-02345-8

Miyagawa, Y., & Taniguchi, J. (2022a). Self-compassion helps people forgive transgressors: Cognitive pathways of interpersonal transgressions. *Self and Identity, 21*(2), 244–256.

Miyagawa, Y., & Taniguchi, J. (2022b). Sticking fewer (or more) pins into a doll? The role of self-compassion in the relations between interpersonal goals and aggression. *Motivation and Emotion, 46*(1), 1–15.

Miyagawa, Y., Tóth-Király, I., Knox, M. C., Taniguchi, J., & Niiya, Y. (2022). Development of the Japanese version of the State Self-Compassion Scale (SSCS-J). *Frontiers in Psychology, 12*:779318.

Muris, P., & Otgaar, H. (2022). Deconstructing self-compassion: How the continued use of the total score of the Self-Compassion Scale hinders studying a protective construct within the context of psychopathology and stress. *Mindfulness, 13*, 1403–1409.

Muris, P., Otgaar, H. & Petrocchi, N. (2016). Protection as the mirror image of psychopathology: Further critical notes on the Self-Compassion Scale. *Mindfulness, 7*(3), 787–790.

Muris, P., Otgaar, H. & Pfattheicher, S. (2019). Stripping the forest from the rotten trees: Compassionate self-responding is a way of coping, but reduced uncompassionate self-responding mainly reflects psychopathology. *Mindfulness, 10*(1), 196–199.

Neff, K. D. (2003). The development and validation of a scale to measure self-compassion. *Self and Identity, 2*(3), 223–250.

Neff, K. D. (2011). Self-compassion, self-esteem, and well-being. *Social & Personality Psychology Compass*, *5*, 1–12.

Neff, K. D. (2016). The Self-Compassion Scale is a valid and theoretically coherent measure of self-compassion. *Mindfulness, 7*, 264–274.

Neff, K. D. (2022). The differential effects fallacy in the study of self-compassion: Misunderstanding the nature of bipolar continuums. *Mindfulness*, *13*, 572–576.

Neff, K. D., & Beretvas, S. (2013). The role of self-compassion in romantic relationships. *Self and Identity, 12*, 78–98.

Neff, K. D., & Germer, C. K. (2013). A pilot study and randomized controlled trial of the mindful self-compassion program. *Journal of Clinical Psychology, 69*, 28–44.

Neff, K. D., Tóth-Király, I., Knox, M. C., Kuchar, A., & Davidson, O. (2021). The development and validation of the State Self-Compassion Scale (Long- and Short Form). *Mindfulness, 12*(1), 121–140.

Neff, K. D., Tóth-Király, I., Yarnell, L. M., Arimitsu, K., Castilho, P., Ghorbani, N., Guo, H. X., Hirsch, J. K., Hupfeld, J., Hutz, C. S., Kotsou, I., Lee, W. K., Montero-Marin, J., Sirois, F. M., de Souza, L. K., Svendsen, J. L., Wilkinson, R. B., & Mantzios, M. (2019). Examining the factor structure of the Self-Compassion Scale in 20 diverse samples: Support for use of a total score and six subscale scores. *Psychological Assessment, 31*(1), 27–45.

Nezlek, J. B., Wesselmann, E. D., Wheeler, L., & Williams, K. D. (2012). Ostracism in everyday life. *Group Dynamics: Theory, Research, and Practice, 16*(2), 91–104.

Niiya, Y., & Crocker, J. (2019). Interdependent = Compassionate? Compassionate and self-image goals and their relationships with interdependence in the United States and Japan. *Frontiers in Psychology, 10*:192.

Niiya, Y., Crocker, J., & Mischkowski, D. (2013). Compassionate and self-image goals in the United States and Japan. *Journal of Cross-Cultural Psychology, 44*(3), 389–405.

Ren, D., Wesselmann, E. D., & Williams, K. D. (2018). Hurt people hurt people: Ostracism and aggression. *Current Opinion in Psychology, 19*, 34–38.

Sirois, F. M., Molnar, D. S., & Hirsch, J. K. (2015). Self-compassion, stress, and coping in the context of chronic illness. *Self and Identity, 14*, 334–347.

Tanaka, M., Wekerle, C., Schmuck, M. L., Paglia-Boak, A., & MAP Research Team (2011). The ages among childhood maltreatment, adolescent mental health, and self-compassion in child welfare adolescents. *Child Abuse & Neglect, 35*, 887-898.

Valdez, C. E., & Lilly, M. M. (2016). Self-compassion and trauma processing outcomes among victims of violence. *Mindfulness, 7*, 329–339.

Zessin, U., Dickhäuser, O., & Garbade, S. (2015). The relationship between self-compassion and wellbeing: A meta-analysis. *Applied Psychology: Health and Well-Being, 7*(3), 340–364.

Zeller, M., Yuval, K., Nitzan-Assayag, Y., & Bernstein, A. (2015). Self-compassion in recovery following potentially traumatic stress: Longitudinal study of at-risk youth. *Journal of Abnormal Child Psychology, 43*, 645–653.

Zhang, J. W., & Chen, S. (2016). Self-compassion promotes personal improvement from regret experiences via acceptance. *Personality and Social Psychology Bulletin, 42*, 244–258.

Zhang, J. W., & Chen, S. (2017). Self-compassion promotes positive adjustment for people who attribute responsibility of a romantic breakup to themselves. *Self and Identity, 16*(6), 732–759.

Zhang, J. W., Chen, S., & Shakur, T. K. (2019). From me to you: Self-compassion predicts acceptance of own and others' imperfections. *Personality and Social Psychology Bulletin, 46*(2), 228–242.

Zuroff, D. C., Sadikaj, G., Kelly, A. C., & Leybman, M. J. (2016). Conceptualizing and measuring self-criticism as both a personality trait and a personality state. *Journal of Personality Assessment, 98*(1), 14–21.

輕部 雄輝・佐藤 純・杉江 征（２０１５）「大学生の就職活動維持過程尺度の作成」（教育心理学研究・63、３８６―４００頁）

宮川 裕基（２０２２）「セルフコンパッション状態誘導法による排斥経験時の報復意図の低下」（日本グループダイナミックス学会第68回大会）

宮川 裕基・新谷 優・谷口 淳一（２０１９）「自分を思いやることは自分に甘いことを意味するのか――セルフコンパッションと自分に甘いことの類似点及び相違点の検討」（日本社会心理学会第60会大会発表論文集、２８７頁）

宮川 裕基・Neff, K. D.（２０２２）「状態セルフ・コンパッション尺度に関する潜在プロフィール分析」（日本社会心理学会第63回大会）

宮川 裕基・谷口 淳一（２０１８）「セルフコンパッションが就職活動における不採用への対処に及ぼす影響の検討」（社会心理学研究・33（３）、１０３―１１４頁）

第6章 ソーシャルな子育てとはなにか

——子どもをめぐる家庭と社会の関係を捉えなおす試み

益田 啓裕

家庭と社会

私たちはどのような時に家庭を意識するのだろうか。最近、我が家で小学生の子どもらをプールに連れて行き、彼らと一緒に泳いでいる時に、かつての自分が小学生の時に父親と一緒に泳いでいた記憶が蘇った。無自覚に自分が親にされたことを、自分の子どもにもしようとしていることに気づく。大なり小なり、私たちの多くは自分の家庭での養育の影響を受け、それが自らが親になった際の子育てに活かされていく。

一般的に、親が子どもを養育する場は家庭であるが、家庭だけで子育てが完結することはかなり難しい。両親が共働きであれば保育園に通わせることが多いだろう。親の体調が悪いときに、祖父母が近隣に住んでいれば助けも借りるかもしれない。実際には、多くの親は家庭の外にある資源を頼って子育てをしている。つまり、子育ては家庭だけでなく、社会による助けも借りて行われる。

社会

地域コミュニティ、学校、職場、
行政機関、近隣の知人など

家庭

同居する親
親族
子ども

図1　家庭と社会の構図

このような子育てのあり方は、次に示すような構図で説明できるだろう。それは、家庭が養育の中心的な場になり、その家庭を、地域コミュニティや近隣の知人、学校や行政などの社会がサポートする、という構造である。図にするならば、家庭を社会が取り囲むような構図になる（図1）。

家庭で育った経験のある人ならば、この構図に違和感を持つ者は少ないと思われる。多くの物語、たとえば「サザエさん」や「ちびまる子ちゃん」、あるいは「クレヨンしんちゃん」では、寝食を共にする家庭という場が重要な拠りどころとして機能し、登場人物たちは学校や地域という社会の場でかかわり合いのストーリーを展開していく。

家庭と社会という構造に苦しむ人たち

しかし、この家庭と社会の構造を前提とした子育てを行うことが難しい場合もある。いくつか例を挙げたい。一つ目は、社会的養護という場で起きることである。社会的養護とは、様々な事情で親と共に生活できない子どもを一定期間預かり、生活のケアとサポートを行う場であり、児童養護施設などに代表される。彼らの生活の場は施設であり、「社会的」養護という名が示す通り、家庭ではなく社会の場で養育を受けている。このような生活の場で暮らす子どもたちは、家庭での生活を前提とすることができない。「子どもは親と共に家庭で暮らし、しっかりと愛情を受けて育つべきだ」という前提が自明のものとみなされることで、家庭で暮らしていない子どもは、愛情を十分に受けていない「かわいそう」な存在と受け取られることもある。当事者の彼らは自分自身が周囲からそのようにスティグマ化されることに大きな違和感を持つと言われている（田中、２００４及び内田、２０１１）。

では、社会的養護にいる子どもに、家庭が用意されればこの課題は解決するのだろうか。社会的養護には里親による養育も含まれる。里親は一定期間子どもを自らの家で預かりケアを行うことから、里親からのケアを受ける子どもには家庭がある、という見方もできるかもしれない。しかし、それでもうまくいかないこともある。２０１５年ごろに二分の一成人式という、10歳前後の子どもが、自らが生まれた時の状況を親に聞きクラスで発表するイベントが流行したことがあった。社会的養護で暮らす子どもは、自分が生まれた際の情報にアクセスすることが困難なこともあり、子どもによっては親の名前すら知らないということもある。このイベントによって、親への感謝や生まれてきたことの喜びを実感させようとするのだろうが、彼らにはそれが叶わず、無自覚に排除されることとなる。また、里親や養子縁組した養育者たちは、子どもたちから「本当の親ではないくせに」と言われるという。ここで言われる本当の親というのは、血縁関係がある生物学的な意味での母親・父親ということであろう。里親や養子縁組をした養育者がこのようなことを言われ、自身が子どもにとって何者なのか悩むことも多いと聞く。

そもそも、家庭で親と共に暮らしていても、うまくいかないこともある。家庭内暴力や児童虐待など、家庭の場であるからこそ起きる問題は後を絶たない。家庭ありきの子育ては、その家庭で安全な子育てに難しさを感じる親を追い詰めることがある。児童虐待があった際には、加害をした親が責められることが多いが、彼ら親自身が社会から孤立していたり、周囲からの経済的、精神的なサポートが十分に得られていない場合もよくある。親自身のストレスやうまくいかなさが、子どもに向けられ犠牲者となることもある。自分の親からもたらされた影響がよくない場合にも問題が生じる。子どもを暴力でしつける父親の面接をした際に、「自分も家庭で殴られて育った。それで善悪を教えてもらったと思う。親には感謝している。しつけのために時には暴力を使ってでも子どもに伝えないといけないことがある」という趣旨の語りを何度も耳にした。体罰を用いたしつけは子どもの心理的成長を阻害する知見があることをそれとなく伝えてみても、なかなか聞き入れてくれないことが多かった。

私たちはなぜ家庭という場にここまでこだわるのだろうか。家庭に求められていることは、親とその子どもが一緒に過ごすことで、つながりが感じられ、帰属意識が芽生え、社会での活動を進めるための基地となることだろう。しかしこのような家庭の機能は、運がよければうまくいくが、養育者が親として機能することが難しい場合には、むしろ家庭が閉じられた場となり、子どもたちは逃げ場をなくす。生まれた家庭から離れ、社会的養護のような施設や里親のケアを受けるようになっても、あるいは、親と暮らしてきた人であっても、概念としての家庭は私たちみんなにつきまとう。

家庭と社会の間にある境界線

このように見ていくと、社会と家庭の間には物理的にも心理的にも、確固とした境界線があるように見える。この境界線によって、家庭が個々のメンバーを温かく守る避難所として機能したり、結束や帰属意識を持てる居場所として明確になることは利点かもしれない。一方で、家庭の中でうまくいかないことがあった場合はどうだろうか。境界線があることによって、問題が外に向かず、家庭の中で負のスパイラルとなり循環的に悪化することもあるかもしれない。また、社会がそのような家庭内の不具合に気づきにくくなったり、社会の誰かが家庭内にかかわろうとすることをためらうこともあるかもしれない。その際、境界線によって囲まれた家庭にいる子どもたちと養育者には、苦しみがもたらされる。

ソーシャルという視点

そこで、家庭と社会の枠組みとは別の視点から子育てを捉えるフレームを提示してみたい。それは、ソーシャル（social）という視点である。ソーシャルと聞くと「社会」が訳語に当たるから、社会と同じ意味ではないかと思われる方が多いだろう。実はソーシャルとは、二者関係も含めたあらゆる対人関係を包括する語でもある。そう考えれば、親と子のやり取りも、実はソーシャルな関係だと言える。森（2022）は、この対人関係として用いられる「ソーシャル」が対人関係を表す用語の例として、ＳＮＳ（Social

Networking Service）とソーシャル・ディスタンスを挙げている。確かに私たちはＳＮＳに含まれるＬＩＮＥなどのツールを使って、分け隔てなく、家族、友人、知人とコミュニケーションをとることが多いだろうし、ＣＯＶＩＤ－19によるウイルス感染の懸念がある場合は、家庭であれ職場であれ、一定の距離感を取る必要が出てくる。

ソーシャルな子育て

このソーシャルの視点で子育てを捉えてみるとどうなるだろうか。家庭か社会かという二項対立的な視点ではなく、あらゆる対人関係を表すソーシャルという関係性の視点を導入することで、家庭で共に暮らす親と子どもの関係も、生まれた家庭から離れて施設や里親と暮らす子どもとその養育者の関係も、同じ視点で考えやすくなるだろう。さらには、子育てを自らが家庭で受けた養育体験のみに依存することから少し自由になるかもしれない。

これから、そのようなソーシャルな子育てに取り組んでいくにあたって役に立つと思われる知見を提示していきたい。

三つの親

まず、家庭ありきで子育てする親の役割を捉えなおすために、「三つの親」という概念を紹介したい。

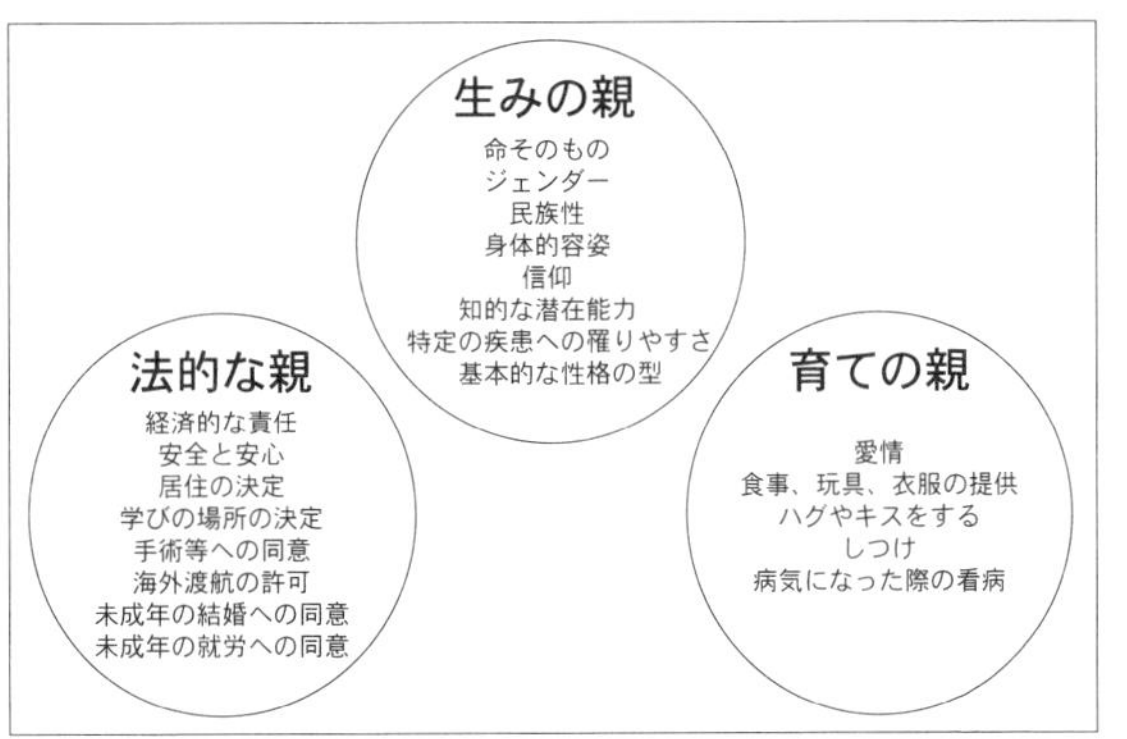

図2　三つの親機能

Fahlberg（1991）及び Ryan & Walker（2007）を参考に作成

これはライフストーリーワークという、社会的養護を経験した子どもの生い立ちの整理をする際などに用いられる概念である（Fahlberg,1991; Ryan & Walker, 2007）。この概念では、親の機能を「生みの親」、「育ての親」、「法的な親」の三つに分ける（図2）。生みの親は、生物学的な親であり、遺伝的な類似と血縁関係があり、多くの場合子どもに名前をつける役割などを担う。育ての親は、子どもの日々におけるあらゆる生活のケアを担う。法的な親は、子どもの予防接種や手術の実施の判断や、子どもの最善の利益にかなう適切な養育の選択や決定、あるいは経済的な負担に関して、法律的な責任を担う。多くの場合、一組の親がこの三つの親機能をすべて備え、行使しており、また、暗黙的にそう機能することが前提とされている。しかし、この三つの親機能すべてを、一組あるいはひとりの養育者によって十分に働かせることが難しい場合もある。子どもを作り生むという、生みの親の役割は果たせても、親自身の身体的・精神的な不調により、育ての親に十分になれないこともあるかもしれない。あるいは、子どもを責任をもって自分たちで育てたいと願うカップルでも、生殖機能の都合上、生みの親になれない場合もあるだろう。若年齢の出産であれば、子どもに必要なケアの詳細がよくわからず、経験的、経済的に責任をもって適切な養育の選択ができないこともある。

家庭と社会の枠組みで子育てを捉える視点は、この三つの親機能を暗黙的に家庭という場で生みの親のみに働かせる圧を強める。その圧となるものは、家庭の場において、「自分たちで作った子どもなのだから（生みの親）、自分たちで責任をもって（法的な親）、自分たちでしっかり育てるものだ（育ての親）」という社会規範である。この三つの親の機能をひとつの家庭という枠組みで果たし、社会はそれを見守るという構造になる。しかしそれらの機能のどこかが不全に陥るとき、社会の見守りは、時として監視となる。監視される家庭は恥の感覚が高まる。家庭が子どもを育てる器から、責められることの恐れや恥を隠そうとする壁となる。

ソーシャルな親子関係

血縁関係のある親子どうしが家庭という一つの場で生活するという形態だけではなく、親の機能を分担して子どもを養育しようとする、この三つの親の概念を活用することで、家庭と社会の壁が薄くなり、多様な関係性が活かされる可能性が開かれる。「本当の親ではない人」だった里親や児童福祉施設の職員は、「育ての親」という役割を獲得することができる。自ら子どもを作り生んだ「生みの親」が諸事情で十分な養育ができない場合が生じても、育ての親と親の役割を分担するという発想を持つことができ、養育の抱え込みを一定防ぎ、自責感を和らげることができるかもしれない。法的な親の部分として、養育の責任を分担するという発想も意義深いと言える。社会側に立ち、家庭を外から指摘・介入する役割とみなされがちな行政や司法、様々な専門家たちが「法的な親」として、子育てに生じる様々な意思決定を手助けする役割として認識されるようになるかもしれない。つまり、従来の生みの親の家庭のみに養育を任せ、それが難しくなれば社会が代替的に養育のほとんどを引き受ける、というオールオアナッシング的な仕組みに替わり、家庭のあるなしにかかわらず、様々な立場の者が、ソーシャルな親として子育てを役割分担しあう関係性を構築する可能性を見出すことができる。

子育ては家庭の外からも学べる

このように親機能の分担化を考えることで、家庭の外にいる者も子育てに関与しやすくなる。そのために、子育てを家庭の外からも学ぶことを提案したい。巷には様々な育児書や子育てを助言する情報にあふれているが、長年にわたり、心理学分野をはじめとした他の関連領域において、長年吟味されてきた子育ての理論や技術がある。これからそれらの知見をいくつか紹介しながら、家庭に囚われないソーシャルな子育てとはどのようなものかについて考えていきたい。

しつけを捉えなおす

まずは「しつけ」である。子どもに適切な言動をどう教え、間違ったときにそれをどう正すか。しつけについては、ペアレント・トレーニング（加藤・柳川、２０２２）が参考になる。これは、子どもの望ましい行動に焦点を当て、具体的に望ましい行動が発生するように、養育者側が子どもが望む働きかけを行っていくものである。子どもがほめられるという報酬を求め、自発的に行動が増えるように環境を設定するという方法をとり、これはオペラント条件づけと呼ばれている。例えば帰宅後に手を洗った際に、それをほめられれば、次も手洗いをしようとすることは高まる。このような働きかけは正の強化という技法である。一方で、おもちゃを投げるなどの望ましくない行動を減らしたい場合は、一定時間そのきっかけとなったおもちゃが使えないようにすることが効果的であり、これは負の弱化と呼ばれる。不適切な言動に対して強く叱責するなど、不快な刺激を与えることで望ましくない行動を減らそうとすること（正の弱化）は、即効性があり用いられやすいが、子ども側に徐々に慣れが生じやすく、養育者側の叱責等がエスカレートし体罰や虐待を誘発するリスクが高まるので、できるだけ避けた方がよいと言われている。ペアレント・トレーニングは、グループによる数週間にわたる複数回のセッションで行われ、実際の子育てにこれらの技法を使えるようになることを通じ、安全で安心感の高い養育が目指される。このような子育ての技術を開かれた場で学ぶことで、養育者自身の子育ての認識が再構成され、子育てのストレスが軽減されていくことが期待される。

愛情を捉えなおす

次に、「愛情」である。児童虐待があれば、子どもに害を及ぼしたその親には愛情がなかった、と帰結されることが多いが、これだけでは何が問題で、どうすればよいのかということがわかりにくい。アタッチメントという概念を使えば、愛情という概念を使わずに子どもへのかかわり方を捉えなおし、工夫できる。アタッチメントとは、脅威や不安が生じるようなネガティブな状況で、養育者等にくっつこうとすることで安心感を得ようとする行動である（Bowlby, 1969 及び 遠藤、２０１７）。たとえば幼い子どもが公園で養育者の元を少し離れて遊具で遊んでいる場面を想定してみよう。その子どもに見知らぬ大人が犬と一緒に近づいてくるような場面で、その際子どもが養育者の元に戻って抱きついたり、養育者の服にしがみつくような行動をしたとしたら、その子どもには安定的なアタッチメントがある可能性が高い。この時に最も大切なのは、子どもの身近にいる者たちが、子どもが感じる恐怖や不安のシグナルをしっかり察知し、子どもが安心してくっついてもよいのだと感じられるような態度をとることである。このような安心できる関係性を提供することで、子どもは他者を信じるようになり、自らの世界を広げる探索行動を増やしていく。もちろんアタッチメントの概念だけで幅広く多義的な愛情のすべてを説明することは不可能であるが、このような安心を感じられるアタッチメントの場を作ることが、子どもへの温かいかかわりの基本として機能すると考えられる。

ソーシャルな子育てのストーリー

最後に、このようなソーシャルな子育ての事例を紹介したい。次のエピソードは児童福祉施設における支援でよく見受けられる、架空のものである。

Ａ（女性）は母親が18歳の時に生まれた。同居男性が生みの父親であったが、Ａを妊娠中に関係は解消しやり取りは途絶える。Ａの祖父母とは絶縁状態にあり頼れる状態ではなく、母親はＡを自分ひとりで育てていくことを決心する。母親は以前から気分が浮き沈みがちであった。Ａを出産後しばらくは熱心に養育していたが、2歳のころに近隣から、Ａの泣き声がやまず、母親の怒号が頻繁に聞こえるという虐待通告が児童相談所へされる。児童相談所のケースワーカーが家庭訪問し面接をする。母親は泣きながら、精一杯がんばっているが、どうしてよいかわからない、と途方に暮れていた。ケースワーカーが日々のＡへの養育をねぎらい、母親は「生みの親」として十分役割を果たしていること、20歳前後で精神的な不調のある女性が一人で養育のすべてを担うことはかなり難しいこと、育ての親を施設に託すことも選択肢としてであること、母親が十分に育てられないことで自分を責めなくてもよいことが伝えられる。話し合いの結果、Ａを児童養護施設のケアに託すことが選択される。

Ａが児童養護施設に入所後は、担当職員らはＡが困ったときに頼れるような存在であるように努め、Ａのアタッチメントを保証した。担当職員のほとんどは年齢が若く、自身の子どもを育てた経験はなかったが、ペアレント・トレーニングをはじめとした子育ての訓練を受けており、一貫性と予測性のある養育を一定行うことができた。母親との交流として定期的に面会や外泊が行われたが、母親はうつ状態が見受けられることもあり、時々キャンセルがあった。

Aが小学校低学年のころ、母親や施設職員、児童相談所職員で集まり、左記の内容がAに伝えられた。Aの母は生みの親であるが、心が疲れやすい病気であり、Aに十分なケアをすることが出来ない。児童相談所が法的な親として、Aがよく育つためにどうすればよいかを母親と話し合った結果、児童養護施設に育ての親になってもらうようにお願いした。小学5年生の時の生い立ち学習では、事前に母親と施設職員が協議したうえで、母親から提供された幼少期のAの写真や生まれたときの情報をAと共有し、その内容を学校で話すことにした。その後、Aは自ら、仲の良い友人らに「自分には生みの親と育ての親がいて、どちらも好きだ」と話をすることがあったという。担任も離婚や、代替養育などをテーマとして、家族の多様性についてクラスで話し合う機会を設けた。

思春期になると、施設職員に思い通りにならない憤りをぶつけることが増える。それでも高校の卒業間際にAは次のように語った。「テレビで出てくるような一つの家でお母さんとお父さんと子どもが和気あいあいとしている家庭にあこがれていたけど、外泊の時に家でいつもしんどそうに寝ているお母さんを見たら、それは難しいんだなって思うようになった。でも、施設の職員を親のように思うこともあって、これからも相談に乗ってくれると思うし、彼氏にも甘えられているから今はある程度満足している」。

おわりに

右記のひとりの女性をめぐる子育てのストーリーでは、様々な人々が、家庭と社会にある壁を感じつつも、その境界を柔軟に行ったり来たりしながら、子育ての知識や技術を活用しながら対話を続け、それぞれの立場で、精いっぱい親機能を発揮しようとしている。このような事例の場合のみならず、日頃から私たちみんなが、家庭の内外や立場を問わず、子どもを育てることについての体験や考えを伝え合い、対話することに大きな意義があると言える。

このように、子どもがよく育つために必要なケアを提供できる場は、家庭か社会かという二者択一的なものではなく、あらゆる対人関係、つまりソーシャルなつながりの中に見出すことができるのではないだろうか。親密なつながりのあり方が多様化しているこの現代に、このソーシャルな子育ての意識が広がることが家庭と社会の壁に悩む人々の一助となることを切に願う。

【引用・参考文献】

Bowlby, J. (1969). Attachment and loss. Vol.1. Attachment. New York: Basic Books.
Fahlberg, V. (1991). A child's journey through placement.IN: Perspectives Press.
Ryan, T., & Walker, R. (2007). Life story work: A practical guide to helping children understand their past. London: British Association for Adoption and Fostering.（T・ライアン、R・ウォーカー、才村眞理・浅野

恭子・益田 啓裕［監訳］（２０１０）『生まれた家族から離れて暮らす子どもたちのためのライフストーリーワーク実践ガイド』福村出版）
加藤 則子・柳川 敏彦［編］（２０２２）『トリプルＰ 改訂第2版――前向き子育て17の技術――』（診断と治療社）
遠藤 利彦（２０１７）「生涯にわたるアタッチメント」北川 恵・工藤 晋平［編著］『アタッチメントに基づく評価と支援』（誠信書房、２―２７頁）
森 茂起（２０２２）「訳者解説：読書の手引きとして」Ｊ・ストロー、森 茂起・楢原 真也・益田 啓裕［共訳］『実践家のためのソーシャルペダゴジー ――子ども・若者と関わる理論・価値観・ツール――』（誠信書房、１９１―１９９頁）
田中 理絵（２００４）『家族崩壊と子どものスティグマ――家族崩壊後の子どもの社会化研究――』（九州大学出版会）
内田 龍史（２０１１）「児童養護施設生活者／経験者のアイデンティティ問題」西田 芳正［編著］『児童養護施設と社会的排除――家族依存社会の臨界――』（解放出版社、１５８―１７７頁）

あとがき

本書で取り上げられたトピックは、意識、意思決定、セルフコンパッション、ソーシャルな子育て、犯罪に伴うトラウマに関する施策、研究、臨床である。あえて心理学関連分野に位置づければ、意識研究は認知神経科学・認知心理学、意思決定は認知科学・認知心理学、心のダークサイドは社会心理学、セルフコンパッションは社会・人格心理学、子育ては発達・障害者心理学、臨床心理学、犯罪に伴うトラウマ研究は犯罪心理学、臨床心理学の分野となるだろう。認知神経科学、認知科学には「心理」という言葉は含まれていないが、それぞれ心理学と脳神経科学、情報科学との学際分野であり、心理学研究者も多く参画している分野である。

全体を読まれた読者はどのように感じられただろうか。予想と一致した内容だったかもしれないし、こんな研究が心理学になるのかなど、思っていたものと異なっていたものがあったかもしれない。さらに一般に流布している心理学のイメージとは違った部分もあったかもしれない。人によって異なるとは思うが、私自身、心理学を研究していると話すと、「私が何を考えているのかわかりますか」(読心術)とか、「私の性格を当ててください」などと言われることもある。しかしそんなことは簡単ではないし、心理学者にできることではない。

ただし、どうすれば人が考えていることがわかるのか、という点は心理学の重要なテーマであり、言い換えれば心をどのように測定するのかという問題である。心理学の歴史は、心の測定に苦労してきた歴史と言ってもいいかもしれない。百数十年前、心理学が学問として成立した頃には、自由に考えていることを話してもらう内観（introspection）という手法からスタートし、より厳密な実験手法の工夫や、自分の考えることを意識して答えてもらうことによるバイアスを避けるために意識的回答を必要としない方法、例えば、脳波や心拍などの生理的反応を測定する方法（生理心理学）を用いたり、口頭で答えてもらう場合でも無意識的なバイアスを検出できる手法、さらに健常者の脳活動の測定（ｆＭＲＩ：機能的磁気共鳴画像法）が容易になってくると、心理学実験と脳活動測定を組み合わせたり、また近年ではTwitterなどＳＮＳ（Social Networking Service）の発言に発話者の心の状態が反映されることから、ＳＮＳ内のビッグデータを分析することによって、心の状態を推測しようとする研究も生まれてきている。

すなわち、現代の心理学は扱うトピックが多様であるにとどまらず、心を測る手法も多様になってきている。本書で取り上げられている手法も、実験的手法から脳の神経活動に着目するもの、社会、家庭といった個人を超えた環境に着目し置かれた状況と個人の心の働きを捉えようとするもの、犯罪という社会的に重要な現象をその社会的要因と個人内に現れるトラウマとの相互作用で捉えようとする研究など、多様である。一般に現実場面に近いほど統制をとって行う厳密な実験は困難となってくるが、そこでも単なる推測ではなく、現実に用いられている訓練法や対処法の成果、欠点を吟味した資料にもとづきながら研究が進められている。心の理解に関して現実場面に起きる現象を扱う研究分野は数多くあるが、心理学の大きな特徴は、人の心を推定するために、なんとかして信頼性のおけるデータ、資料を得ようと試み、それに基づいて議論を進めるというところにある。この点は心理学が生まれた時点から変わっておらず、本書でも連綿とその意志は受け継がれている。

心は誰でも持っている。それだけに、みな心のことはわかっていると思っている。しかし、心理学の研究からは、自分でわかっているつもりの心やその働きに関する理解は必ずしも「正確」ではなく、バイアスがかかっていることがわかってきている。近年「認知バイアス」という言葉がよく使われるようになってきたが、これは、自分では何者にも影響されず自分自身で独自に判断したと思っていても、実際にはさまざまな影響を受けていることを指している。これまで多様な心の測定手法を用いて心理学が明らかにしてきたことであるが、このような自分の心に関する思い込みは人間の大多数が持っているものであり、当然私自身も持っている特徴である。ではどうしたらいいのだろうか。それは、そのようなバイアスを自分も持っているということを知ることが（メタ認知と呼ぶ）重要であり、そのことによって自分自身の心を修正できる可能性があると考えられよう。

心理学の知見を知ることは、単にその分野の知識を得ることだけではなく、日々生きていく上での糧になると考えられ、本書の内容が、心理的に健康な日常を送ることに役立てば望外の喜びである。

本書では6編のトピックを取り上げたが、追手門学院大学心理学部には本書執筆者以外にも多くの教員が属しており、日々、研究・教育に励んでいる。ぜひ追手門学院大学心理学部のホームページ、研究者紹介をご覧いただければ幸いである。

心理学専攻：https://nyushi.otemon.ac.jp/education/psychology/teacher.html

人工知能・認知科学専攻：https://nyushi.otemon.ac.jp/education/ai_cognitive/teacher.html

また、心理学全体については、以下の日本心理学会のホームページにさまざまな資料が掲載されているので、こちらもぜひ参考にしていただきたい。

日本心理学会ＨＰ：https://psych.or.jp

最後に、本書作成にあたって尽力いただいた追手門学院大学政策部研究企画課の田中康宣氏、丸善プラネット株式会社の橋口祐樹氏に深く感謝する次第である。

追手門学院大学心理学部長　川口　潤

【編著者一覧】
川口 潤（かわぐち・じゅん）〔編者〕
追手門学院大学 心理学部長 心理学部 心理学科 教授（認知心理学、実験心理学）
小野田 慶一（おのだ・けいいち）
追手門学院大学　心理学部 心理学科　教授（認知神経科学、実験心理学）
白砂 大（しらすな・まさる）
追手門学院大学　心理学部 心理学科　特任助教（認知科学、意思決定科学）
増井 啓太（ますい・けいた）
追手門学院大学　心理学部 心理学科　准教授（社会心理学、臨床心理学）
櫻井 鼓（さくらい・つつみ）
追手門学院大学　心理学部 心理学科　准教授（犯罪心理学、臨床心理学）
宮川 裕基（みやがわ・ゆうき）
追手門学院大学　心理学部 心理学科　講師（社会心理学）
益田 啓裕（ますだ・けいすけ）
追手門学院大学　心理学部 心理学科　准教授（臨床心理学、子ども環境学）

OIDAI ライブラリー②
心とは何か

2023 年 1 月 25 日初版発行

編　者　川口 潤

著　者　小野田 慶一・白砂 大・増井 啓太
櫻井 鼓・宮川 裕基・益田 啓裕

発行所　追手門学院大学出版会
〒 567-8502
大阪府茨木市西安威 2-1-15
電話 (072) 641-9723
https://www.otemon.ac.jp/

発売所　丸善出版株式会社
〒 101-0051
東京都千代田区神田神保町 2-17
電話 (03) 3512-3256
https://www.maruzen-publishing.co.jp/

編集・制作協力　丸善雄松堂株式会社

Printed in Japan

印刷・製本／富士美術印刷株式会社

ISBN 978-4-907574-31-4　C1011